DES

PÉCULES DU FILS DE FAMILLE

EN DROIT ROMAIN.

DE

L'USUFRUIT-LÉGAL DES PÈRE ET MÈRE

SUR

LES BIENS DE LEURS ENFANTS MINEURS

EN DROIT FRANÇAIS

PAR

ÉMILE DES TERMES

DOCTEUR EN DROIT, AVOCAT A LA COUR D'APPEL

POITIERS

OUDIN FRÈRES, IMPRIMEURS-LIBRAIRES

RUE DE L'ÉPERON, 4

1875

DES

PÉCULES DU FILS DE FAMILLE

EN DROIT ROMAIN.

DE

L'USUFRUIT LÉGAL DES PÈRE ET MÈRE

SUR

LES BIENS DE LEURS ENFANTS MINEURS

EN DROIT FRANÇAIS

PAR

EMILE DES TERMES

DOCTEUR EN DROIT, AVOCAT A LA COUR D'APPEL

POITIERS

OUDIN FRÈRES, IMPRIMEURS-LIBRAIRES

RUE DE L'ÉPERON, 4

1875

©

DROIT ROMAIN

INTRODUCTION.

Avant d'aborder l'étude même de notre sujet, il nous paraît indispensable de dire en quelques mots ce qu'était chez les Romains la puissance paternelle : il faut en connaître la nature pour se faire une idée exacte de la théorie des *pécules*, institution dont le but fut de corriger ce qu'il y avait de trop rigoureux et de trop absolu dans l'autorité du père de famille.

Dans la législation romaine, la *patria potestas*, création propre et exclusive du droit civil, a des caractères que nous ne trouvons chez aucun autre peuple : *Jus potestatis, quos in liberos habemus, proprium est civium Romanorum* [1]. *Nulli alii sunt homines, qui talem in liberos habeant potestatem, qualem nos habemus* [2]. Pour exercer la puissance paternelle, il ne suffit pas d'être *civis Romanus*, il faut encore être *paterfamilias*. Le mot *paterfamilias* a en droit romain un sens propre; il ne désigne pas celui qui a des enfants, celui qui est père

[1]. Inst. Lib. 1, Tit. 9, § 2.
[2]. Gaius, Comment. 1, § 55.

1

de famille, mais bien celui qui n'est soumis à la puissance de personne : *Patres familiarum sunt, qui sunt
suœ potestatis sive puberes, sive impuberes*[1]. Une troisième
condition est enfin exigée pour jouir du droit de puissance paternelle : il est nécessaire d'appartenir au sexe
masculin ; les enfants ne sont jamais soumis à la puissance de la mère. En effet, de deux choses l'une : ou
bien la femme en se mariant passe *in manu mariti*, et
dans ce cas elle est à l'égard de son époux *loco filiæ*,
elle devient par conséquent la sœur agnate de ses
propres enfants, et dès lors incapable, en cette qualité,
d'avoir sur eux aucune puissance ; ou bien la femme
ne passe pas *in manu mariti*, et alors elle reste dans
sa famille originaire, et elle ne saurait revendiquer
aucune puissance sur des enfants qui, à leur naissance,
feront partie de la famille de son mari à laquelle elle
n'a pas cessé d'être *civilement* étrangère.

La puissance paternelle a trois causes différentes :
1° les justes noces ; 2° la légitimation ; 3° l'adoption.

Les justes noces, mariage civil, soumises à des règles
spéciales, produisent la puissance paternelle, la
parenté civile et les droits de famille. Elles donnent
aux conjoints les titres respectifs de *vir* et d'*uxor*, et
déterminent la condition de l'enfant d'après celle qu'a-
vait son père au moment de la conception. Enfin, et
c'est là le point intéressant pour nous, elles attribuent

---

1. D. Lib. 1, Tit. 6, Loi 4 et 5. *Sive puberes, sive impuberes,* ajoute
Ulpien : la qualité de *paterfamulias* est donc indépendante du fait
d'avoir ou non des enfants ; elle appartient à toute personne *sui juris.*
Mais ici nous supposons tacitement, bien entendu, que le *paterfamilias*
a des enfants: autrement il ne pourrait être question de puissance
paternelle.

au père la puissance paternelle sur ses enfants, s'il est
sui juris, et s'il est *alieni juris*, les font entrer sous la
puissance de celui auquel il est lui-même soumis.

La *légitimation* était un autre moyen d'acquérir la
puissance paternelle sur l'enfant, non pas dès l'instant
de sa naissance, mais seulement à une époque posté-
rieure. Avant l'établissement de la légitimation, on
arrivait à peu près au même résultat, dans quelques
cas particuliers, à l'aide de procédures spéciales; mais
tout cela disparut à l'époque de Constantin. Dans le
principe, il n'y avait que deux modes de légitimation:
la légitimation par oblation à la curie, établie en 442,
par une constitution des empereurs Théodose et Valentinien, et la légitimation par mariage subséquent, qui
date de Constantin et que nous a fait connaître une
constitution de l'empereur Zénon[1]. Justinien, dans ses
Novelles, ajoute deux autres modes de légitimation :
la légitimation par rescrit du prince, qui avait lieu
lorsqu'un citoyen romain, sans postérité légitime, mais
ayant un ou plusieurs enfants naturels, se trouvait
dans l'impossibilité d'épouser leur mère, et, par suite,
de les légitimer. Dans ce cas, Justinien permet de
s'adresser à l'empereur, qui prononçait, s'il y avait
lieu, la légitimation des enfants naturels[2]. Enfin, si,
dans la même hypothèse, le père était mort sans avoir
obtenu le rescrit du prince, mais avait exprimé dans
son testament le vœu que ses enfants viennent à sa
succession comme enfants légitimes, les enfants eux-

1. C. Lib. 5, Tit. 27, Loi 5.
2. Nov. 74, préface, chap. 1, § 1.

mêmes étaient alors admis à solliciter le rescrit impérial. On donnait à cette légitimation le nom de légitimation par testament[1]. Ces quatre sortes de légitimation
ne produisaient pas les mêmes effets. Il y avait, à cet
égard, plusieurs distinctions à faire; mais il nous suffit
de savoir que toutes conféraient au père la puissance
paternelle sur ses enfants.

L'adoption était la troisième cause de la *patria potestas*,
Les Romains reconnaissaient deux sortes d'adoptions :
l'adrogation et l'adoption proprement dite.

La première s'appliquait aux chefs de famille, la seconde aux fils de famille, *adoptantur filii familias,
adrogantur qui sui juris sunt*[2]. Outre cette différence,
l'adrogation et l'adoption se distinguaient encore au
point de vue des formes et conditions requises, et
aussi au point de vue de leurs effets, surtout après les
innovations de Justinien.

Les causes qui pouvaient amener l'extinction de la
puissance paternelle étaient au nombre de sept[3]. *La
mort* du chef de famille faisant cesser la *patria potestas*
en sa personne, la conférait à ses enfants. La puissance
paternelle, étant, comme nous l'avons déjà dit, essentiellement de droit civil, ne pouvait exister qu'entre
citoyens romains. En conséquence, si le père ou l'enfant était frappé d'une peine entraînant *la perte du
droit de cité*, la puissance paternelle s'évanouissait.
La perte de la liberté emportait aussi, et à plus forte

1. Nov. 74 préface, chap. 2, § 1.
2. D. Lib. 1, Tit. 7, Loi 1, § 1.
3. La mort, la perte de la cité, la perte de la liberté, l'élévation à
certaines dignités, l'émancipation, l'adoption et la coemption.

raison, extinction du droit de puissance paternelle.
Certaines personnes étaient également, à raison de
leurs fonctions, affranchies de la *patria potestas*. Tels
étaient, dans l'ancien droit, les Flamines et les Ves-
tales; sous Justinien, les Patrices, et à l'époque des
Novelles, les évêques, les consuls, les préfets et les
magistri militum. L'*émancipation* rendant l'enfant *sui
juris* faisait également cesser la puissance paternelle
du chef de famille. Dans le principe, elle s'effectuait
au moyen de trois ventes successives. Plus tard, en
503 un nouveau mode d'émancipation fut introduit
par l'empereur Anastase. Il consistait à obtenir de
l'empereur un rescrit autorisant l'émancipation, et à
faire insinuer ce rescrit par un magistrat entre les
mains duquel il était déposé [1]. Enfin au temps de
Justinien, il suffisait de faire une simple déclaration
devant le magistrat compétent.

Les cinq causes que nous venons d'examiner avaient
pour résultat de faire cesser la puissance paternelle
et de rendre *sui juris* la personne qui y était soumise.
Mais il pouvait arriver que l'extinction de la puissance
paternelle ne rendît pas le fils de famille *sui juris*.
C'est ce qui se produisait, dans l'ancien droit, toutes
les fois que le père donnait son enfant en *adoption*, et
dans le droit de Justinien, lorsque l'adoptant était un
ascendant. Il en était de même lorsque la *filiafamilias*
passait sous la *manus* de son mari par *coemptio*. Elle était
libérée de la puissance paternelle comme si elle avait
été donnée en adoption ; mais elle n'en restait pas

1. C. Lib. 8, Tit. 49, Loi 5.

moins *alieni juris*, puisque dans la famille de son mari
elle était *loco filiæ*.

Le pouvoir du père sur la personne de ses enfants
n'admet à l'origine aucune limitation ; il a sur eux un
véritable droit de propriété analogue à celui qu'il
exerce à l'égard de ses esclaves et qui comprend même
l'abusus, c'est-à-dire le droit le plus énergique résultant de la propriété. Le chef de famille, souverain
domestique, est tout ; ses esclaves, ses enfants, sa
femme *in manu* ne sont rien. Lui seul est propriétaire,
lui seul est capable d'avoir des droits. Tous ceux qui
sont sous sa puissance travaillent pour lui, acquièrent
pour lui. Ils ne sont pour le chef de famille que des
choses ou des instruments d'acquisition. Propriétaire
de ses enfants comme de ses esclaves, le père a des
droits sans limites sur leur personne et sur leurs biens :
sur leur personne, droit de vie et de mort, droit de les
vendre, de les exposer ; sur leurs biens, droits absolus
de propriété et de jouissance.

Le droit de vie et de mort remonte selon Denys d'Ha-
licarnasse à la fondation même de Rome [1], et Plutarque nous le présente comme émanant de son premier roi Romulus [2]. L'histoire nous rapporte l'exemple
de plus d'un père jugeant son fils dans une assemblée
de parents, et le condamnant à mort.

Mais un pareil ordre de choses était trop directement opposé aux sentiments de la nature, pour ne pas
se modifier progressivement sous l'influence de la ci-

1. Denys d'Halic. Lib. 2.
2. Plutarque, Vie de Romulus.

vilisation. L'affection paternelle, les mœurs et par la suite les lois elles-mêmes vinrent tempérer ce pouvoir exorbitant qui, sous l'influence du christianisme, disparut presque complétement. Un fragment du Digeste nous apprend que Trajan (867 de Rome) exigea d'un père qu'il émancipât son fils, *quem male contra pietalem adficielat* [1]. Plus tard Adrien (870 de Rome) condamna à la déportation un père qui, à la chasse avait tué son fils, bien que ce dernier fût coupable d'adultère avec sa belle-mère [2]. Enfin Constantin édicta la peine du parricide contre le père qui donnerait la mort à son fils.

Le père, dans le principe, pouvait vendre les enfants qu'il avait sous sa puissance (*mancipare*); il pouvait, lorsqu'ils avaient causé quelque préjudice, les abandonner en réparation (*noxali causa mancipare*); mais on s'efforça toujours de restreindre ce droit de disposition. Les écrits de Paul nous indiquent que de son temps, en 965 de Rome, les ventes réelles des enfants ne se font plus que dans les cas d'extrême misère (*contemplatione extremæ necessitatis, aut alimentorum gratia*). Sous Constantin le droit de vendre les enfants existe encore; mais, au sortir du sein de leur mère (*sanguinolentes et propter nimiam paupertatem egestatemque victus causa*); c'est ce dernier droit qui est conservé dans la législation de Justinien par son insertion au Code [3]. L'abandon noxal fut com-

1. D. Lib. 37, Tit. 12, Loi 5.
2. D. Lib. 18, Tit. 9, Loi 5.
3. C. Lib. 4, Tit. 43, Loi 1 et 2.

plétement aboli par Justinien [1] et quant à l'exposition, depuis longtemps elle était condamnée par les lois [2].

Le pouvoir du père sur les biens de l'enfant était absolu, aussi rigoureux à l'origine que celui qui lui était attribué sur la personne même. Le fils *alieni juris* est, à raison de ce titre, incapable de rien posséder, de rien acquérir qui ne devînt au même instant la propriété de son père. Le fils de famille était assimilé à l'esclave, il était la chose du père, et dès lors, appliquant la maxime : *quidquid ex re mea nascitur. meum est*, prise dans un sens large, toutes les acquisitions que peut faire le fils appartiennent au père sans aucune distinction. Les libéralités qu'il recevait, les fruits de son travail, le prix de ses services, tout profitait au père, car un seul patrimoine existait alors, celui du *paterfamilias : quidquid ad filium pervenit, hoc patri adquiritur ; qui in nostra potestate est, nihil suum habere potest* [3]. Tels sont les principes originaires qui régissent les rapports du père à l'égard des biens de ses enfants. Mais, de même que les droits sur la personne furent, comme nous l'avons dit, progressivement restreints et adoucis, les droits sur les biens suivirent le même sort ; l'usage, les besoins de l'empire et en dernier lieu des considérations tirées de l'humanité et de la justice, firent naître d'importantes innovations qui empiétèrent peu à peu sur les droits primitifs du père ; nous voulons parler *des Pécules* dont l'étude formera la première partie de notre Thèse.

1. Nov. 154, chap. 7.
2. C. Lib. 8, Tit. 52.
3. Gaïus. Comment. 2, § 87.

DES PÉCULES DU FILS DE FAMILLE.

Le principe rigoureux de l'ancien droit, qui faisait acquérir au père tout ce qui était acquis par le fils fut, nous l'avons vu, tempéré par la création des Pécules [1]. L'ancienne maxime : *quidquid adquirit filius, non sibi, sed patri adquirit,* subsista néanmoins ; elle fut toujours en vigueur, en ce sens que tous les biens qui n'en étaient pas formellement exceptés restaient soumis à la règle générale. Il ne faut donc considérer les divers pécules que comme des exceptions à la règle : la preuve en est que Justinien lui-même nous les présente ainsi et en fait l'exposé dans le titre : *per quas personas nobis adquiritur* [2].

Les pécules du fils de famille sont au nombre de quatre : 1° le pécule profectice ; 2° le pécule castrense ; 3° le pécule quasi-castrense ; 4° le pécule adventice [3]. Nous allons étudier successivement ces divers pécules.

1. Les jurisconsultes ne sont pas d'accord sur l'étymologie du mot *peculium.* Ulpien (D. Lib. 15, Tit. 1, Loi 5, § 3) croit la trouver dans l'adjectif *pusillus,* léger, insignifiant, épithète très-souvent applicable au pécule, surtout à son origine. Varron (De ling. lat. 15, p. 95) la fait dériver de *pecus,* troupeau, parce que le peuple consistait à l'origine principalement en troupeaux. Festus reproduit aussi cette étymologie, qui nous paraît la plus vraisemblable.

2 Inst. Lib. 2, Tit. 9.

3. Faisons remarquer que cette dénomination *pécule adventice,* employée par les commentateurs, n'est pas romaine : les textes se servent soit de l'expression *bona materna* (C. Lib. 6, Tit. 59, Loi 1), soit des mots *bona quæ patri non adquiruntur.*

CHAPITRE PREMIER.

DU PÉCULE PROFECTICE.

Le plus ancien des pécules connus fut celui appelé
profectice. Dès la plus haute antiquité, ainsi que l'atteste Tite-Live[1], le père, plus humain que la loi, con-
fiait quelquefois à son enfant de même qu'à son esclave,
la libre administration de certains biens, pour qu'il pût
les faire fructifier. Ainsi fut créé un patrimoine distinct,
mais dont la propriété continuait d'appartenir au père
qui pouvait le diminuer ou même le reprendre à son
gré : cet ensemble de biens forma le pécule dit *profectice*
parce qu'il venait du père : *peculium a patre profectum.*
Ce pécule était susceptible de comprendre toutes sortes
de biens, des immeubles, des meubles, des esclaves, des
sommes d'argent, des créances. Il était augmenté par
les épargnes du fils et aussi par les acquisitions faites
par les esclaves du pécule, soit en stipulant, soit en
recueillant les successions qui leur étaient déférées[2].

La gestion de ce pécule ne comportait pour le fils de
famille que des actes d'administration ; mais ses pouvoirs étaient cependant très-larges : ainsi, il pouvait
vendre, acheter, cautionner, devenir débiteur, prêter
de l'argent... etc. Il lui était également permis de donner un gage ou une hypothèque aux créanciers du pécule. La fille pouvait se constituer en dot des valeurs

---

1. Tit. Live, Liv. 2, n° 41.
2. D. Lib. 15, Tit. 1, Loi 7, § 4 et 5.

provenant de cette source, et, en cas de divorce, reprendre la dot, sans avoir besoin du concours de son père [1]. Mais il était interdit au fils de famille de disposer du pécule par donation entre-vifs ou à cause de mort, d'affranchir un esclave sans le consentement de son père [2]. Toutefois la donation pouvait être valable lorsqu'elle avait une juste cause, par exemple lorsqu'il s'agissait de fournir une dot à sa fille, ou lorsque le fils était sénateur ou élevé à une haute dignité [3]. L'enfant n'étant pas propriétaire, ne pouvait pas sans le consentement de son père, ester en justice. Cependant Paul [4] nous apprend qu'il avait la faculté d'intenter lui-même certaines actions, telles que les actions *injuriarum*, *quod vi, aut clam, depositi, commodati*, dans lesquelles sa personnalité était plus directement engagée.

D'après le droit civil, le père de famille devient créancier de tout ce qui est dû à son fils. Mais si ce dernier s'engage par contrat ou quasi-contrat, l'obligation qui en résulte n'est pas à la charge du père, alors même qu'il aurait donné à son fils l'ordre d'agir. Le droit prétorien est venu au secours des créanciers du fils en leur accordant plusieurs actions contre le père de famille. Ces actions sont au nombre de six [5] :

1. D. Lib. 23, Tit. 3, Loi 24.
2. D. Lib. 39, Tit. 5, Loi 7, § 4, et Lib. 39, Tit. 6, Loi 25, § 1.
3. D. Lib. 39, Tit. 5, Loi 7, § 3.
4. D. Lib. 44, Tit. 7, Loi 9.
5. Ces actions ne constituent pas des espèces d'action distinctes, ayant une existence propre, mais plutôt des qualités dont les diverses actions résultant des contrats et des quasi-contrats peuvent être affectées. Par exemple, si l'obligation a été contractée par le fils dans un commodat, l'action qui sera donnée contre le père de famille sera

1° *L'action quod jussu.* Elle s'exerce lorsque le fils a contracté sur l'ordre formel du père. Alors le tiers a dû suivre la foi du père (*fidem domini sequi videtur*), et le préteur lui donne une action *in solidum*, c'est-à-dire pour la totalité de l'engagement, contre le père de famille [1].

2° *L'action exercitoire.* Cette action est accordée contre le père qui a préposé son fils à la direction d'un navire, au profit du tiers qui a contracté avec le préposé dans le cercle de ses attributions. Comme la précédente, cette action s'exerce *in solidum* contre le père de famille [2].

3° *L'action institoire.* Elle a lieu contre le père qui met son fils à la tête d'un établissement de commerce quelconque, au profit du tiers qui contracte avec le préposé. L'action *institoire* comme les actions *quod jussu et exercitoire*, se donne pour le tout contre le père de famille [3].

4° *L'action tributoire.* Cette action était intentée dans les circonstances suivantes : Lorsqu'un fils de famille emploie tout ou partie des valeurs de son pécule à une entreprise commerciale dont son père a connaissance (*sciente domino*), et que des tiers contractent avec lui relativement à ce commerce, le préteur, au cas où le commerce ne réussit pas, décide que tout le fonds de

---

commodati, quod jussu, ou *institoria,* ou *exercitoria* ou *tributoria,* etc. C'est de là qu'est venue à ces actions la dénomination assez fréquemment usitée d'actions *adjectitiæ qualitatis.*

1. Inst. Lib. 4, Tit. 7, §. 1.
2. Inst. Lib. 4, Tit. 7, § 2.
3. Inst. Lib. 4, Tit. 7, § 2.

commerce et le bénéfice qui en est provenu seront distribués au marc le franc entre tous les créanciers du fils. Si le père est créancier, il figurera dans la répartition comme tout autre créancier, sans privilége aucun. Et, comme c'est au père qu'il appartient de faire lui-même cette répartition impartiale, si l'un des créanciers se plaint d'avoir été lésé par le partage, le préteur lui donne contre le père cette action qu'on appelle *tributoire* [1]. Lorsqu'il y a de quoi payer intégralement tous les créanciers qui se sont présentés à la distribution, mais que l'on a tout lieu de craindre qu'il n'existe d'autres créanciers qui se présenteront plus tard, on devra payer aux créanciers connus le montant intégral de leurs créances, sauf à leur faire promettre de rapporter *si forte alii emerserunt creditores* [2].

5° *L'action de peculio*. Cette action se donne lorsqu'un fils contracte des dettes relativement à l'administration d'un pécule qui lui a été confié, et cela sans que le père ait connaissance des engagements pris par le fils. Elle s'exerce contre le père de famille jusqu'à concurrence du pécule [3]. Si le *paterfamilias* poursuivi par l'action *de peculio* payait, même par erreur, plus qu'il n'y avait dans le pécule, il ne pouvait pas répéter [4]. Nous avons dit plus haut que le père n'était tenu que jusqu'à concurrence de la valeur actuelle du pécule ; mais s'il y entrait plus tard quelque chose, le père de

1. Inst. Lib. 4, Tit. 7, § 3.
2. D. Lib. 14, Tit. 4, Loi 5, § 19.
3. Inst. Lib. 4, Tit. 7, § 5.
4. D. Lib. 12, Tit. 6, Loi 11.

famille pouvait être poursuivi de nouveau par le créancier qui n'avait pas été complétement désintéressé [1].

. 6o *L'action de in rem verso.* Lorsqu'un fils de famille a traité avec un tiers sans la volonté du père (*sine domini voluntate*), si ce dernier en a profité, le préteur accorde au tiers une action contre le père de famille à raison et jusqu'à concurrence de l'enrichissement que celui-ci a retiré du contrat. C'est l'action *de in rem verso* [2].

Les deux actions *de in rem verso* et *de peculio* n'indiquent pas deux poursuites distinctes contre le père de famille ; elles se réfèrent, au contraire, à une seule et même poursuite dont la condamnation est double, en ce sens que, pour déterminer le maximum de la somme à laquelle le chef de famille pourra être condamné, elle a trait à deux valeurs différentes. Ainsi, d'après Gaïus, le juge, après avoir reconnu l'existence de l'obligation, devra d'abord déterminer le profit que le père de famille a retiré de l'affaire faite par son fils ; et si ce profit ne représente pas une somme égale à celle de l'obligation, il devra pour le surplus examiner l'importance du pécule : de sorte que le chiffre de la condamnation définitive à prononcer contre le père, peut atteindre, mais non dépasser, la valeur de ce qui a tourné à son profit (*de in rem verso*), augmentée de celle du pécule (*de peculio*) [3].

---

1. D. Lib. 45, Tit. 1, Loi 30, § 4.
2. Inst. Lib. 4, Tit. 7, § 5.
3. Bonjean, Traité des actions, Tome 2.

Paul et Ulpien [1] considéraient la chose d'une manière plus simple : ils pensaient que lorsque le fils avait fait tourner au profit du père l'opération qu'il avait faite, son pécule devenant créancier du père de famille, et la dette de ce dernier augmentant le pécule, on ne pouvait dans ce cas agir *de peculio* sans se trouver agir en même temps *de in rem verso*.

Ces deux manières différentes de considérer les choses pouvaient influer sur la rédaction de la formule ; mais elles conduisaient évidemment au même résultat pratique. Toutefois quand plusieurs créanciers agissaient *de peculio*, celui d'entre eux dont les valeurs avaient tourné au profit du père de famille avait intérêt à agir expressément *de in rem verso*, afin d'éviter, sur ces valeurs, le concours des autres créanciers. Ainsi, bien que les deux actions *de in rem verso* et *de peculio* fussent ordinairement insérées ensemble dans la même formule, il pouvait arriver qu'elles fussent séparées, et qu'une seule restât : c'est ce qui explique pourquoi on présente ces actions tantôt comme en formant une seule, et tantôt comme en formant deux.

Remarquons en terminant que, quoique restant la propriété du père, *le pécule profectice* doit être distrait du patrimoine paternel, lorsque ce dernier est saisi par le fisc ; cette disposition résulte d'une constitution de l'empereur Claude mentionnée par Ulpien [2].

---

1. D. Lib. 15, Tit. 3, Loi 19.
2. D. Lib. 4, Tit. 4, Loi 3, § 4.

CHAPITRE II.

DU PÉCULE CASTRENSE

La concession du pécule profectice dont nous venons d'exposer les règles ne portait aucune atteinte au droit de propriété exclusive attribuée au père ; et pendant toute la république, ce droit se maintint dans sa rigueur primitive. Mais dès les premiers jours de l'empire l'institution nouvelle du pécule castrense vint modifier profondément sur ce point l'ancienne législation. L'histoire de l'empire romain nous fait voir que la nomination à la dignité impériale devint de très-bonne heure une prérogative des légions romaines. Corps imposant et redoutable dans l'Etat, l'armée pouvait, à un moment donné, devenir dangereuse pour le souverain, et il fallait enchaîner à tout prix son inconstance pour prévenir le danger des révolutions militaires. De là de nombreux priviléges accordés aux soldats : ils purent mourir partie testat, partie intestat ; ils purent aussi tester sans aucune des formes solennelles qu'exigeait l'ancien droit pour les testaments. Enfin les fils de famille militaires obtinrent un privilége bien plus important que les précédents : nous voulons parler *du pécule castrense.* Cette innovation consistait à donner au fils de famille, à l'exclusion du père, sous le nom de *peculium castrense,* la pleine propriété de ce qu'ils auraient acquis au service militaire, et par suite le droit d'en disposer, soit entre-vifs soit par testament.

Suivant une opinion assez généralement reçue et d'après l'historique exposé par Ulpien dans la loi 1 au digeste *de testamento militis*, Jules César fut le premier créateur du pécule castrense ; mais la concession ne fut que temporaire : *ea concessio temporalia erat.* Titus et après lui Domitien affermirent la nouvelle institution[1]. Enfin les empereurs Nerva et Trajan lui donnèrent son entier développement et se montrèrent d'une libéralité excessive à l'égard des soldats : *postea divus Nerva plenissimam indulgentiam in milites contulit, eamque et Trajanus secutus est.* Enfin Adrien permit la libre disposition testamentaire des biens du pécule castrense aux fils de famille vétérans, pourvu que le congé eût des causes honorables : *ignominiæ causa non missi*[2].

L'empereur Auguste, dont le nom n'est pas mentionné dans notre titre *de testamento militis*, est cependant désigné par le même Ulpien (Regulæ, Titre 20 § 10) comme ayant, le premier, accordé aux fils de famille militaires le droit de tester sur leur *peculium castrense*. Voici comment ce jurisconsulte s'exprime : *Divus Augustus* Marcus *constituit ut filiusfamiliæ miles de eo peculio quod in castris adquisivit testamentum facere possit.* Remarquons que le mot *Marcus* n'a jamais appartenu à Auguste : aussi pense-t-on généralement

---

1. Juvénal, dans sa dernière satire, nous atteste l'existence de ce pécule.

> ..... Quæ sunt parta labore
> Militiæ, placuit non esse in corpore census
> Omne cujus tenet regimen pater.

2. D. Lib. 29, Tit. 1, Loi 26, § 1.

2

qu'il n'existait pas dans le manuscrit d'Ulpien ; mais qu'il s'y trouve inséré par une interpolation de copiste. Justinien du reste nous indique aussi Auguste comme un des créateurs du pécule castrense, qui fut établi, dit-il, *tam ex auctoritate divi Augusti quam Nervæ necnon optimi imperatoris Trajani* [1].

Nous diviserons nos développements sur le pécule castrense en quatre sections, et nous examinerons successivement :

1° Quels sont les biens compris dans le pécule castrense ;

2° Quels sont les droits du fils sur ces biens;

3° Quels sont les droits du père ;

4° Quelles innovations furent introduites par Justinien en cette matière.

SECTION I.

BIENS QUI COMPOSENT LE PÉCULE CASTRENSE.

Paul, dans ses Sentences, définit le pécule castrense: *quod in castris adquiritur vel quod proficiscenti ad militiam datur* [2]. Le jurisconsulte Macer ajoute : *Castrense peculium est quod a parentibus vel cognatis in militia agenti donatum est ; vel quod ipse filiusfamilias in militia adquisivit, quod, nisi militaret, adquisiturus non fuisset, non quod erat et sine militia adquisiturus, id peculium ejus castrense non est* [3]. Ces deux textes combi-

---

1. Inst. Lib. 2, Tit. 12.
2. Paul. Sent. Lib. 3, Tit. 4, § 3.
3. D. Lib. 49, Tit. 17, Loi 11.

nés nous donnent le principe qui doit nous servir à
déterminer l'étendue exacte et la limite précise du
pécule castrense. Ainsi seront compris dans le pécule
tous les biens qui adviendront au fils à l'occasion du
service militaire; seront au contraire exclus du pécule
tous les biens qu'il ne devrait pas à cette profession.
Toutes les solutions que nous donnerons dans cette
section ne seront que des applications de la règle si
nettement formulée par les jurisconsultes romains.

Le pécule castrense se compose d'abord des récom-
penses ordinaires ou extraordinaires accordées aux
soldats, et que Pothier [1] nous énumère dans l'ordre suivant :

1° La solde du fils de famille militaire. D'après Tite-
Live, ce fut environ vers l'an 347 que les soldats com-
mencèrent à recevoir une solde. Le sénat décréta que
chaque soldat recevrait un *stipendium* sur le trésor
public, tandis qu'auparavant chacun s'acquittait à ses
frais du service militaire [2]. La solde comprenait, outre
l'argent, le blé, les vêtements et les armes que l'on
fournissait aux soldats.

2° Les dons des généraux qui, pour récompense
d'une valeur signalée, donnaient aux soldats des col-
liers, des bracelets, des piques, des panaches, des
aigrettes, des couronnes.

3° Les distributions d'argent faites aux soldats par

---

1. Pothier, Pandectes. Lib. 49, Tit. 6, art. 4, § 1.
2. Tite Live. Lib. 4, chap. 50. — Polybe rapporte que de son temps
la paye du fantassin était de deux oboles; celle du centurion était du
double, et celle du cavalier du triple.

les généraux qui devaient avoir les honneurs du triomphe.

4° La part attribuée à chaque soldat dans le butin pris sur l'ennemi.

5° Certaines parties de l'*ager publicus* qui étaient quelquefois assignées aux vétérans.

6° Enfin les largesses d'abord volontaires, puis obligatoires, de chaque empereur à son avénement : c'est ce qu'on appelait le *donativum munus*.

Tels étaient, avant tout, les biens qui composaient le pécule castrense; mais il y avait d'autres causes d'acquisition qui méritent une attention spéciale.

D'après le jurisconsulte Macer , si, au moment de partir pour l'armée, ou servant déjà sous les drapeaux, le fils reçoit quelque libéralité de ses père et mère ou autres parents, cette donation, étant faite en vue du service militaire, entrera dans le pécule castrense[1]. Cette idée est trop absolue, et il importe beaucoup de savoir quelle est la nature du bien donné, et dans quelles circonstances il l'a été. Ainsi, d'après un rescrit d'Alexande[2], les choses mobilières données par le père à son fils militaire entrent dans le pécule castrense, parce qu'elles doivent servir à procurer à ce dernier quelque adoucissement à ses fatigues, et lui rendre moins pénible la vie des camps. Mais il en serait autrement des immeubles donnés par le père au fils dans les mêmes conditions: leur nature, en effet, est exclusive de toute idée de même destination. Il ne

1. D. Lib. 49, Tit. 17, Loi 11.
2. C. Lib. 3, Tit. 36, Loi 4.

faudrait pas conclure de là, cependant, que tous immeubles ne puissent nécessairement faire partie du pécule castrense. L'empereur Alexandre, à la fin du rescrit que nous citons, ajoute que les immeubles advenus au fils *ex occasione militiæ* seront au contraire compris dans le pécule castrense. Cette décision n'est que l'application du principe posé au commencement de notre section. Ce que le père donne à son fils au retour de l'armée ne fait pas partie du pécule castrense, mais forme un autre pécule, un pécule profectice, comme si le fils n'avait jamais été sous les drapeaux : *Pater*, dit Papinien, *milile filio reverso, quod donat, castrensis peculii non facit; sed alterius peculii, perinde ac si filius nunquam militasset*[1]. Il est impossible, en effet, de voir dans cette donation une libéralité faite *occasione militiæ*.

Toutes les fois que le donateur n'est entré en relations avec le donataire qu'à l'occasion du service militaire, la libéralité sera comprise dans le pécule castrense. Ainsi l'hérédité déférée au fils de famille par un compagnon d'armes fera partie du pécule[2], tandis que l'hérédité de la mère, bien que déférée au fils pendant qu'il était à l'armée, doit en être exclue[3]. Cette différence vient de ce que, dans le premier cas, le fils n'aurait recueilli aucune hérédité s'il n'eût été militaire, et que, dans le second, l'affection maternelle seule a dû motiver cette libéralité.

1. D. Lib. 49, Tit. 17, Loi 15.
2. D. Lib. 49, Tit. 17, Loi 5.
3. C. Lib. 12, Tit. 37, Loi 1.

Nous avons supposé que le disposant, donateur ou testateur, n'est entré en relation avec le fils de famille qu'à l'occasion du service militaire ; mais il pouvait se faire qu'antérieurement il connût déjà le fils de famille. On décidait alors, sans difficulté, que la profession militaire avait été la cause déterminante de la libéralité, et que, par là même, elle devait tomber dans le pécule castrense.

Mais que décider si le compagnon d'armes était en même temps agnat ? Ce cas au rapport de Tryphoninus[1], avait jeté des doutes dans l'esprit de Scævola ; car si cet agnat avait pu donner ou léguer ses biens au fils de famille parce qu'il était son parent, il aurait pu aussi ne pas en faire son donataire ou son héritier, si la vie commune sous le même drapeau n'avait pas encore resserré les liens d'affection qui les unissaient déjà. Tryphoninus, moins scrupuleux, tranche la difficulté par une distinction : la donation ou le testament ont-ils été faits avant l'époque où les deux parents se sont trouvés ensemble au service, il y avait présomption que la parenté était la cause de la libéralité, et alors la donation ou l'hérédité ne tombent pas dans le pécule castrense ; sont-ils, au contraire, postérieurs, on supposait que le *commilitium* avait inspiré la donation ou le testament, et dans ce cas les biens qui font l'objet de la libéralité sont compris dans le pécule. L'opinion de Tryphoninus est d'ailleurs confirmée par un rescrit de Gordien [2] qui, se fondant sur cette idée que la com-

1. D. Lib. 49, Tit. 17, Loi 19.
2. Lib. 42, Tit. 37, Loi 4.

munauté de guerres et de travaux a resserré les liens
de l'affection, déclare que les biens, en réalité, ont été
acquis *occasione militiæ*, et doivent, en conséquence,
faire partie du pécule castrense.

Ces observations expliquent une opinion contraire
donnée par Papinien qui, prévoyant le cas où les deux
parents ont servi dans des provinces différentes,
décide que la libéralité faite par l'un d'eux à l'autre
n'entre point dans le pécule castrense [1]. On accorde
ici au père le bénéfice de l'institution parce que la véritable cause de la libéralité n'est pas une liaison for-
mée *occasione militiæ*, mais simplement une raison de
parenté.

Ici se place l'examen d'une question intéressante: si
une femme a donné à son mari fils de famille militaire
un esclave avec charge de l'affranchir, les droits de patronage feront-ils partie du pécule? Ulpien [2] répond
négativement, car ce n'est pas à l'occasion du service
militaire que la mari a connu sa femme, *quia uxor ei
non propter militiam nota esset*, l'affection conjugale est
la véritable cause de la libéralité. Mais il en serait dif-
féremment si l'esclave affranchi est *habilis ad militiam*
et capable d'y rendre des services au fils de famille;
dans ce cas, l'esclave est censé donné *occasione militiæ*,
et il doit par suite entrer dans le pécule castrense.

Une pareille donation, bien que faite par une femme
à son mari, était exceptée de la règle expresse qui
prohibait les donations entre époux, et Paul justifie

1. D. Lib. 49, Tit. 17, Loi 16, § 1.
2. D. Lib. 49, Tit. 17, Loi 6.

cette dérogation par deux motifs. Le premier est tiré
de ce que les droits de patronage sont plutôt honorifiques que lucratifs, et dès lors on a dû cesser de
craindre que le patrimoine de l'un des époux ne
s'augmente au détriment de celui de son conjoint :
nemo ex hac fit locupletior ; mais ce motif n'est pas déci-
sif, car le titre de patron procure certains avantages
pécuniaires, et notamment des droits de succession :
aussi Paul ajoute-t-il un second motif, la faveur accordée aux affranchissements [1].

Nous devons examiner maintenant une difficulté
assez sérieuse résultant des solutions différentes données par Ulpien [2] et Papinien [3] sur la question de savoir si le legs fait par une femme à son mari fils de
famille militaire entre ou n'entre pas dans le pécule
castrense. Ulpien dans la loi 8 de notre titre admet la
négative. Papinien dans la loi 13 tient au contraire
pour l'affirmative en s'appuyant sur un rescrit de l'empereur Adrien que décide que : le fils de famille, institué héritier par sa femme pendant qu'il était au service, a pu accepter lui-même la succession qui lui
était déférée et devenir le patron des esclaves héréditaires qu'il a affranchis. Le même jurisconsulte con-
firme cette opinion dans la loi 16.

Comment concilier ces deux textes ? Plusieurs explications ont été proposées.

Cujas et Pothier ont essayé de résoudre la difficulté

---

1. Paul, Sent. Lib. 2, Tit. 23, § 2.
2. D. Lib. 49, Tit. 17, Loi 8.
3. D. Lib. 49, Tit. 17, Lois 13 et 16.

de la manière qui suit : la loi *Papia Poppæa* [1] entre
autres dispositions, ne permettait à la femme stérile
de tester valablement en faveur de son mari, que pour
la dixième partie de sa succession [2]. Or, d'après les deux
éminents jurisconsultes, il s'agirait dans la loi 13 d'une
femme sans enfants testant en faveur de son mari.
Cette libéralité ne peut avoir pour cause, dit Cujas,
l'affection conjugale dont la loi *Papia Poppæa* réprime
les effets : il faut donc présumer qu'elle a été faite
occasione militiæ, sinon elle ne pourrait être valable.
Dans la loi 8 au contraire, il s'agirait d'une femme
ayant des enfants ; et comme, dans ce cas, elle a pu valablement instituer son mari héritier, la cause de la libéralité se trouve dans l'affection conjugale et, par conséquent, elle n'est point comprise dans le pécule
castrense.

Malgré l'autorité justement méritée qui s'attache
aux noms des deux illustres commentateurs, il faut
convenir que leur explication n'est pas à l'abri de toute
critique. Nous voyons, en effet, qu'elle consiste à dire
que la loi 13 parle d'une femme sans enfants, et la loi
8 d'une femme ayant des enfants. Or rien dans ces deux
textes ne peut donner lieu à une pareille supposition.
D'ailleurs le rescrit d'Adrien s'occupe de l'hérédité tout
entière ; or s'il y était question d'une femme stérile,
les neuf dixièmes seuls de cette hérédité devraient tomber dans le pécule castrense, puisque le legs du dernier

1. Cette loi ne fut définitivement abrogée qu'en l'an 410 sous Théodose II, par une constitution qui forme la loi 2 du Lib. 8, Tit. 58
au C.
2. Ulpien, Regul. Tit. 15 et 16.

dixième dont la loi Papia Poppæa permet de disposer
a pour cause déterminante l'affection conjugale. Men-
tionnons enfin, contre l'explication de Cujas et de
Pothier, un argument puisé dans Fernandez de Retes[1]
d'après lequel on peut très-bien admettre l'abrogation
de la théorie des dixièmes en faveur des militaires,
sans qu'il soit besoin pour cela de recourir au rescrit
d'Adrien. Il résulte, en effet, des fragments d'Ulpien[2],
ainsi que de dispositions tirées d'autres textes[3], que
les restrictions apportées par les lois caducaires aux
dispositions testamentaires entre époux, n'étaient pas
applicables contre le conjoint absent pour un motif
d'intérêt public. Or le militaire doit être évidemment
considéré comme absent pour le service de l'Etat.

Une seconde conciliation est indiquée par Fernandez
de Retes dans son traité *de castrensi peculio*[4]. Elle serait due à un jurisconsulte qu'il ne désigne que par
ces qualifications assez vagues : *Alter commagister et
amicus valde meus jam pro meritis auditor regius*. Cet
auteur posait un principe qu'au temps d'Adrien les militaires ne pouvaient se marier tant qu'ils étaient sous
les drapeaux. Or c'est précisément à cette hypothèse
que la loi 13 fait allusion. Lorsque la femme faisait
son testament en faveur de son mari encore au service,
elle paraissait agir dans le but de l'engager à rester
sous les drapeaux et à l'éloigner ainsi d'une nouvelle

1. Fernandez de Retes. De Castrens. Pecul. Novus Thesaurus de
Meerman.
2. Ulpien, Regul. Tit. 16.
3. D. Lib. 4, Tit. 6, Loi 17, § 1 et loi 34.
4. Novus Thesaurus de Meerman. Tome 6, n° 10.

union. Cette explication est sans doute ingénieuse, mais elle repose sur une loi qui n'existe pas. Jamais, en effet, aucune loi n'a défendu aux soldats de se marier. Aussi Fernandez de Retes lui-même rejette cette opinion, et ne voit dans la loi 13 qu'une dérogation au droit commun dont la loi 8 est, au contraire, la fidèle expression; c'est, dit-il, une faveur nouvelle accordée à la profession militaire : *Rescripti Hadriani nullam rationem quæro, nisi militum favorem et imperatoris in eos propensionem.*

Une autre opinion consiste à dire que la décision d'Adrien est un rescrit rendu en faveur des fils de famille se trouvant dans des circonstances spéciales ; une de ces circonstances se rencontrerait dans les mots *militem militantem.* Soldat en activité de service, expression qui ne se retrouve pas dans la loi 8. Ulpien, dans cette loi, a probablement statué d'une manière générale, et, à défaut de circonstances spéciales, n'a pu déroger à la règle ordinaire.

Enfin une quatrième explication a été proposée. Papinien, a-t-on dit, prévoyant le cas où il y aurait eu institution d'héritier faite par la femme en faveur du mari, décide que l'hérédité fera partie du pécule, parce que le rescrit d'Adrien l'a, dans cette hypothèse, formellement déclaré. Ulpien, au contraire, examinant la question de savoir quel sera le sort d'une donation ou d'un legs, ne se trouve plus dans les termes mêmes du rescrit qui ne concerne qu'une institution d'héritier, et dès lors il n'y a pas à s'étonner que le jurisconsulte ne veuille pas donner pour la donation ou le legs la même solution que celle de Papinien quant à l'institution d'héritier. On peut objecter, il est vrai, que cette distinction entre le legs et l'institution ne repose sur aucune base rationnelle et qu'elle n'est pas en rapport avec la hardiesse ordinaire d'Ulpien qui se montre souvent intrépide novateur. Cependant cette dernière conciliation, qui consiste à dire que les hypothèses prévues par les deux textes ne sont pas complétement identiques, nous paraît la moins mauvaise manière d'expliquer l'antinomie entre les deux décisions.

Quant à la dot donnée ou promise au fils de famille, il est évident qu'elle ne tombe pas dans le pécule castrense. Son but, en effet, est de subvenir aux charges du mariage, à l'éducation et à l'entretien des enfants communs. Or, tant que le fils reste dans la famille, peu importe qu'il ait ou non un pécule castrense, les charges du mariage sont supportées par le père, et c'est à lui que doit appartenir la dot. Si le fils vient, d'une manière ou d'une autre, à sortir de la famille, c'est sur lui seul que pèsent désormais le charges du mariage, et par une juste compensation c'est lui qui doit profiter de la dot, par application de cette maxime : *ubi est onus, ibi emolumentum esse debet.* Et cette décision, ajoute Papinien, n'a rien de contraire au rescrit d'Adrien dont il est question plus haut : *Nam hereditas adventitio jure quœritur ; dos autem matrimonio cohœrens, oneribus ejus ac liberis communibus qui sunt avi in familia confertur* [1].

Le pécule peut également s'augmenter indirectement par accession ou consolidation. Ainsi le père a

---

1. D. Lib. 49, Tit. 17, Loi 16.

l'usufruit d'un esclave dont la nue-propriété fait partie
du pécule castrense du fils ; si le père de famille vient
à perdre son usufruit, le fils aura la pleine propriété
de l'esclave [1].

A plus forte raison, entre encore dans le pécule castrense tout ce qui est acquis *ex rebus castrensibus* [2], et,
par exemple, ce qu'un esclave de ce pécule acquiert
d'un étranger par stipulation ou par tradition. Cette
acquisition a lieu au profit du fils *sine distinctione causarum*, nous dit Papinien, c'est-à-dire que l'acquisition ait
faite ou non en vertu du service militaire.

Le fils de famille joue deux rôles : celui de *paterfamilias* par rapport au pécule castrense, et celui de
filiusfamilias dans toute autre cause. L'esclave, lui au
contraire, n'est à aucun titre soumis au père, pendant
toute la vie du fils : d'où la conséquence que tout ce
que cet esclave acquiert par tradition ou stipulation,
est acquis à son maître, c'est-à-dire au fils de famille.
Il résulte de ce que nous venons de dire, que l'esclave
du pécule castrense peut stipuler du père lui-même ;
la stipulation sera valable comme si la promesse venait
d'un étranger. Si, au contraire, le fils au lieu de l'esclave avait stipulé du père, il faudrait mettre en usage
la *distinctio causarum* [3] ; la stipulation faite *ex causa
castrensi* entre le père et le fils est valable civilement,
tandis que celle faite *ex qualibet alia causa*, ne donnera
naissance à aucune action civile [4]. Dans le cas où c'est

1. D. Lib. 49, Tit. 17, Loi 15, § 4.
2. D. Lib. 49, Tit. 17, Loi 3.
3. D. Lib. 49, Tit. 17, Loi 15, § 3.
4. D. Lib. 49, Tit 17, Loi 15, § 4.

le père qui stipule du fils on appliquera la même distinction : *Si pater a filio stipulatur, eadem distinctio ser-
vabitur* [1].

La même solution doit être donnée au cas d'une institution d'héritier. Mais qu'arrivera-t-il si l'esclave est
institué héritier par le père ? L'esclave ne deviendra
pas libre et héritier, comme s'il eût fait partie d'un
pécule profectice [2] ; mais il rendra son maître, par
l'ordre de qui il doit faire adition héritier nécessaire
du père [3].

Remarquons, pour terminer ce qui a trait à la com-
position du pécule castrense, qu'il peut se former rétro-
activement. Disons un mot à ce sujet d'une hypothèse
intéressante prévue par Tertullien [4] : un père de famille
militaire se donne en adrogation après son entrée au
service, ou après l'obtention de son congé. Il devient
donc, par l'effet de cette adrogation, fils de famille ;
mais quel sera le sort des biens qu'il a acquis sous les
drapeaux avant l'adrogation ? Bien que les constitutions impériales ne parlent que des militaires qui étaient
fils de famille au moment où ils sont entrés au service.
Tertullien décida néanmoins que le *paterfamilias* adrogé
conservera en propre les biens dont nous parlons et
qui, ne formant pas de masse distincte, auront dû
passer avec les autres biens entre les mains de l'adro-
geant.

1. D. Lib. 49, Tit. 17, Loi 15, § 2.
2. Inst. Lib. 2, Tit. 19, § 1.
3. D. Lib. 49, Tit. 17, Loi 18.
4. D. Lib. 49, Tit. 17, Loi 4, § 2.

SECTION II.

DROITS DU FILS SUR LE PÉCULE CASTRENSE.

Les droits du fils de famille sur son pécule castrense
se résument dans le principe suivant : le fils par rapport
à son pécule est regardé comme un véritable *paterfamilias. In castrensi peculio filiusfamilias vice patrum-
familiarum funguntur* [1]. Nous pouvons donc dire que
les droits les plus étendus, les plus contradictoires
avec sa position ordinaire dans la famille, sont conférés
au fils. Il a pendant sa vie, sur son pécule, un droit
absolu de disposition ; il est maître de l'administrer à
sa guise ; de l'aliéner par disposition entre-vifs ou
testamentaire ; il a en un mot tous les droits, sauf un
seul, celui d'avoir sur ce pécule des héritiers *ab intestat* [2].
De là les conséquences suivantes :

C'est le fils seul qui a la possession légale du pécule
castrense, possession qui lui permettra d'usucaper [3].

Il a l'exercice de toutes les actions concernant le
pécule castrense, et il peut les intenter, non-seulement
sans avoir besoin du consentement de son père, mais
même malgré la volonté de ce dernier [4].

Quand le fils est institué héritier par un compagnon
d'armes ou par une personne avec laquelle il est entré

1. D. Lib. 14, Tit. 6, Loi 2.
2. Ce point sera traité plus tard dans la section III de notre chapitre.
3. D. Lib. 41, Tit. 3, Loi 4, § 1.
4. D. Lib. 49, Tit. 17, Loi 4, § 1.

en relation à l'occasion du service militaire, il peut, de sa propre volonté et sans le *jussus* de son père, faire adition de l'hérédité [1].

Le fils peut seul affranchir un esclave du pécule castrense et acquérir sur lui des droits de patronage.

Le sénatus-consulte Macédonien ne s'appliquait pas aux biens dont le fils avait la libre disposition, c'est-à-dire à son pécule castrense. De là, il résulte qu'un fils de famille militaire peut valablement contracter un emprunt ; son créancier pourra donc le poursuivre sur les biens qui composent son pécule, sans que le fils puisse lui opposer l'exception résultant du sénatus-consulte macédonien : *Si filiusfamilias forte castrense peculium habeat, tunc cessabit senatus-consultum* [2].

Ici se place l'examen d'une difficulté qui peut s'élever lors de la vente des biens du pécule castrense, entre les créanciers du fils antérieurs à son départ pour l'armée et les créanciers postérieurs à cette époque. Devrons-nous établir entre eux des causes de préférence, ou bien viendront-ils concurremment se faire payer sur les biens du pécule ? Le préteur [3] déclare que les créanciers qui ont contracté avec le fils depuis son départ pour l'armée doivent primer les créanciers antérieurs.

Nous avons vu plus haut que le fils a l'exercice de toutes les actions concernant son pécule castrense. A l'inverse, c'est contre le fils que ses créanciers poursui-

1. D. Lib. 49, Tit. 17, Loi 5.
2. D. Lib. 14, Tit. 6 Voir aussi, C. Lib. 4, Tit. 28, Loi 7, § 1.
3. D. Lib. 12, Tit. 6, Loi 1, § 9.

vront le paiement de ce qui lui est dû. Mais tant qu'il est à l'armée il peut leur opposer *le bénéfice de compétence*, c'est-à-dire qu'il ne pourra être condamné que jusqu'à concurrence de ce qu'il possède [1]. Ainsi ce n'est point contre le père que doivent agir les créanciers du fils de famille pour les dettes relatives à l'administration du pécule ; mais si le père consent à défendre son fils, il restera soumis aux conditions ordinaires de tout *defensor pro alio* ; il devra donner la caution *de rato* et sera engagé solidairement à tous les frais du procès et non pas seulement jusqu'à concurrence du pécule [2].

En principe, et d'après le droit commun, aucun contrat ne peut valablement intervenir entre le père et le fils. Soit que le fils stipule de son père, soit qu'il lui promette, ou réciproquement, le contrat est également nul [3]. Il en est tout autrement lorsque le fils a un pécule castrense. Il peut valablement contracter avec son père ; et, soit qu'il stipule de lui, soit qu'il lui promette dans les limites de son pécule castrense, le droit civil admet et sanctionne soit sa créance, soit sa dette [4].

Le fils peut également plaider contre son père. Toutefois, par respect pour le caractère de son adversaire, il devra demander l'autorisation du magistrat pour forcer son père à comparaître devant la justice [5].

Ajoutons que le père, en donnant son fils en adoption

1. D. Lib. 49, Tit. 17, Loi 7.
2. D. Lib. 49, Tit. 17, Loi 18, § 5.
3. Inst. Lib. 3, Tit. 19, § 6.
4. D. Lib. 49, Tit. 17, Loi 15, § 1.
5. D. Lib. 5, Tit. 1, Loi 4, et D. Lib. 2, Tit. 4, Loi 8.

ou en l'émancipant, ne peut lui faire perdre la propriété du pécule castrense. Comment, en effet, serait-il
permis au père, par l'adoption ou l'émancipation,
d'enlever au fils une propriété qu'il est obligé de res-
pecter alors qu'il est investi de tous les droits de la
puissance paternelle [1] ?

En poursuivant cette étude des droits du fils de
famille sur le pécule castrense, nous arrivons à la plus
importante de ses prérogatives, la faculté de disposer
par testament. De l'institution du pécule castrense ne
résultait pas nécessairement pour le fils le droit de
tester; il y avait pour lui un obstacle insurmontable
qui l'empêchait de faire un testament, c'était sa qualité
de *filiusfamilias*. Nous savons, en effet, que tout
citoyen romain ne peut pas tester; il faut avant tout,
pour avoir ce droit, être *sui juris*. *Non omnibus licet facere
testamentum; ii enim qui alieno juri subjecti sunt, testamenti faciendi jus non habent* [2]. Ce droit de tester fut
accordé au fils de famille militaire, par les constitutions
d'Auguste, de Nerva et de Trajan. Plus tard, l'empereur Adrien vint décider que cette faculté appartien-
drait également aux vétérans [3].

Le fils de famille militaire est libre désormais de
régler sa succession comme il l'entend. Pourvu que
son testament ait été fait *in castris* et qu'il soit mort
depuis moins d'un an après son congé, il est affranchi
des formes rigoureuses du droit civil, et ne relève que
des prescriptions larges et faciles établies pour le

1. D. Lib. 49, Tit. 7, Loi 12.
2. Inst. Lib. 2, Tit. 12.
3. Inst. Lib. 2, Tit. 12.

testament militaire. Les prérogatives accordées aux militaires n'étaient pas seulement des priviléges de formes, elles touchaient au fond même du droit [1].

Ainsi, les militaires pouvaient instituer héritiers les déportés et presque tous ceux avec lesquels on n'avait pas faction de testament [2]; tels étaient encore au temps de Gaïus les pérégrins, les latins juniens, les cælibes, les orbi [3].

Les fils de famille militaires n'étaient pas soumis à la nécessité d'une déclaration formelle pour exhéréder leurs enfants [4]; leur testament n'était pas rescindé pour inofficiosité [5]; ils pouvaient léguer plus des trois quarts de leurs biens [6], malgré la loi Falcidie; ils pouvaient mourir partie testats, partie intestats [7].
Enfin leur testament, bien que devenu *irritum* par leur *minima capitis diminutio*, était censé ne pas l'être et restait valable *quasi militis ex nova voluntate* [8].

Remarquons que le fils de famille revenu dans ses foyers conserve toujours le droit de disposer par testament de son pécule castrense; seulement, comme il n'est plus soldat, il ne peut pas bénéficier des priviléges du testament militaire; il doit tester comme un *paganus*, suivant les règles du droit commun [9].

1. Inst. Lib. 2, Tit. 11.
2. D. Lib. 29, Tit 1, Loi 13, § 1.
3. Gaïus, Inst. Comment. 2, §§ 110 et 111.
4. Inst. Lib. 2, Tit. 13, § 6.
5. C. Lib. 3, Tit. 28, Loi 9.
6. C. Lib. 6, Tit. 21, Loi 12.
7. D. Lib. 29, Tit. 1, Loi 6.
8. Inst. Lib. 2, Tit. 11, § 5.
9. Inst. Lib. 2, Tit. 11, § 3.

Le privilége accordé au militaire de pouvoir décéder *partim testatus, partim intestatus*, nous amène à dire quelques mots d'une difficulté que résout Tryphoninus [1]. Voici l'espèce sur laquelle raisonne le jurisconsulte : un fils de famille qui n'est plus à l'armée a testé sur son pécule castrense ; son père est mort, puis lui-même est ensuite décédé, ignorant la mort de son père dont il était sans le savoir héritier nécessaire. Si ce fils de famille eût été militaire au moment où il faisait son testament, il n'y aurait pas eu de difficulté ; car sa qualité de militaire l'eût affranchi de la règle qui défend de mourir partie intestat. Mais l'on suppose dans l'espèce que lorsqu'il a fait son testament il était *paganus* et comme tel soumis à la règle *Nemo partim testatus, partim intestatus decedere potest*. Quel sera alors le sort du testament ? Tryphoninus compare le *filiusfamilias* à un homme qui se croit pauvre au moment où il rédige son testament, et meurt sans savoir que des opérations faites par un de ses esclaves à l'étranger l'ont subitement enrichi. Il conclut en considérant comme non écrite dans le testament du fils la clause *ex castrensi peculio*, et, par suite, il attribue à l'héritier institué non-seulement les objets qui font partie du pécule, mais encore les biens compris dans l'hérédité du père.

Le fils de famille jouit même du bénéfice de la loi *Cornelia de falsis* [2]. Un *filiusfamilias* dispose par testament de son pécule castrense ; plus tard, il meurt

1. D. Lib. 49, Tit. 17, Loi 19, § 2.
2. La loi Cornelia fut votée vers l'an 686 de Rome sous la dictature de Sylla.

captif chez l'ennemi : quel est le sort de son testament?
D'après le droit strict, ce testament ne devrait produire
aucun effet, parce que le testateur devrait être considéré comme ayant été esclave depuis le moment où il
a été pris, et comme ayant perdu tous ses droits. Mais
la loi Cornelia voulait que, par rapport au testament,
le prisonnier fût considéré comme ayant perdu la vie
en même temps que la liberté. Cette rétroactivité de
l'époque de la mort au jour de la captivité permettait
de prononcer la validité du testament [1]. La loi 14 de
notre titre déclare en termes exprès que la loi Cornelia s'applique aux fils de famille militaires : *filiusfamilias miles si captus apud hostes vita fungatur lex
Cornelia subvenit scriptis heredibus* [2].

Nous terminerons cette section par l'examen de la
question suivante : le fils ayant testé sur son pécule
castrense, il s'agit de savoir si pendant que l'héritier
institué délibère, le pécule formera ou non une véritable hérédité jacente. Papinien [3] refuse d'appliquer
au pécule la maxime *hereditas jacens personam defuncti
sustinet.* Il se fonde sur ce que les constitutions impériales ont introduit en faveur du fils de famille un
privilége qui doit être interprété restrictivement. Le
jurisconsulte suppose un esclave commun à Maevius et
au pécule castrense d'un fils de famille ; celui-ci meurt
après avoir testé, et dans l'intervalle qui s'écoule entre
la mort du *filiusfamilias* et l'adition d'hérédité, l'esclave dont il s'agit fait une stipulation. Le bénéfice de

1. Inst. Lib. 2, Tit. 12, § 5.
2. D. Lib. 49, Tit. 17, Loi 14.
3. D. Lib. 45, Tit. 3, Loi 18.

cette stipulation, suivant Papinien, doit être acquis en entier à Mævius [1].

Remarquons enfin que lorsque l'adition d'hérédité est faite, tous les jurisconsultes sont d'accord pour considérer le pécule comme une véritable hérédité.

SECTION III.

DROITS DU PÈRE SUR LE PÉCULE CASTRENSE.

Nous venons de voir, dans la précédente section, que le fils était regardé comme un *paterfamilias* vis-à-vis de son pécule castrense : il semble qu'on devrait en tirer la conséquence que durant la vie du fils le père n'a aucun droit sur le pécule. Ce serait une erreur : ce qui est vrai, c'est que le père n'a pas actuellement la propriété du pécule et n'en a pas la disposition présente. Mais comme il peut se faire qu'à la mort du fils, le père devienne propriétaire du pécule, cette éventualité suffit pour qu'on ne le traite pas absolument comme un étranger. Aussi le jurisconsulte Mæcianus compare la situation juridique du père à l'égard du pécule cas-trense, à celle d'un interdit vis-à-vis de ses propres biens, et lui permet, par conséquent, tous les actes qui rendent sa situation meilleure. Il pourra, par exemple, libérer les esclaves de ce pécule du droit d'usufruit

1. Cependant le même Papinien dans la loi 44, § 1 du Lib. 49, Tit. 17, au Digeste, considère le pécule castrense comme une hérédité jacen'e. Nous pensons que la solution donnée par le jurisconsulte dans la loi 18 du Lib. 45, Tit. 3 au Digeste, s'explique par l'espèce sur laquelle il raisonne.

qu'un tiers peut avoir sur eux, acquérir des servitudes actives, libérer le fonds des servitudes passives [1]. Mais le jurisconsulte va encore plus loin : on accordera même au père le droit de faire des actes de disposition. Il se pourra, en effet, que certains actes d'aliénation se trouvent valables. Toutefois, cette faculté de disposer est limitée aux actes qui ne doivent produire leurs effets que dans l'avenir. La validité de ces actes restera en suspens jusqu'à la mort du fils; s'il meurt *intestat*, ils auront été valables; s'il meurt *testat*, ils auront été nuls *ab initio* [2]. Nous tirons de ce principe les conséquences suivantes : si le pécule comprend un droit de propriété indivis, le père ne peut figurer valablement ni comme demandeur, ni comme défendeur dans l'action *communi dividundo* [3]. Le partage, en droit romain, est un véritable acte d'aliénation qui produit son effet immédiatement; il est attributif de propriété, et non pas simplement déclaratif, comme dans notre droit français. De même, si le père fait un payement avec un objet compris dans le pécule, il paie avec la chose d'autrui, et n'opère à son profit aucune libération [4]. Si, au contraire, il lègue un objet du pécule, ce legs ne sera pas frappé de nullité, mais pourra valoir en cas de prédécès du fils sans testament [5].

Nous venons de voir que, *vivo filio*, les droits du père sur le pécule castrense sont, sauf quelques cas excep-

1. D. Lib. 49, Tit. 17, Loi 18, § 3
2. D. Lib. 49, Tit. 17, Loi 18, § 1.
3. D. Lib. 49, Tit. 17, Loi 18, § 2.
4. D. Lib. 46, Tit. 3, Loi 98, § 3.
5. D. Lib. 30, Loi 44.

tionnels, à peu près nuls ; il nous faut maintenant examiner quels peuvent être les droits du père après la mort de son fils.

Deux hypothèses peuvent se présenter : 1° le fils est mort intestat ; 2° il a disposé de son pécule par testament. Dans cette dernière hypothèse, l'héritier peut être soit le père lui-même, soit un étranger, et dans les deux cas il faut considérer ce qui arrive, soit que l'institué fasse adition, soit qu'il répudie l'hérédité.

§ Ier. — *Le fils est mort intestat.*

Si le fils n'a pas disposé de son pécule castrense par testament, le père recueille les biens du pécule non par droit du succession, mais *jure peculii*, c'est-à-dire qu'il les recueille comme il reprendrait des biens dont il aurait laissé l'administration à son fils sans cesser d'en être propriétaire. Le père en reprenant le pécule castrense ne fait donc pas une acquisition : il ne fait que reprendre ce qui lui appartenait. C'est en effet ce que dit Ulpien : *si filiusfamilias miles decesserit, si quidem intestatus ; bona ejus non quasi hereditas, sed quasi peculium patri deferuntur* [1]. Cette même idée est reproduite au Code dans une constitution de Maximin et Dioclétien : *Intelligis filio, qui militavit, defuncto, peculium ejus penes patrem remansisse, non hereditatem patri quæsitan.* [2]. De là découlent plusieurs conséquences pratiques importantes :

1. D. Lib. 49, Tit. 17, Loi 2.
2. C. Lib. 12, Tit. 37, Loi 5.

1° Le père n'est pas tenu de payer les dettes du fils *ultra vires;* il sera poursuivi par les créanciers *de peculio,* c'est-à-dire pendant un an seulement à partir de la mort du fils et jusqu'à concurrence du pécule : *pater qui castrense peculium intestati filii retinebit, œs alienum, intra modum ejus et annum utilem jure prœtorio solvere cogitur* [1].

2° Il ne peut pas se servir de la *petitio hereditatis* pour revendiquer en bloc tous les objets composant le pécule. Il n'agit pas comme héritier, mais comme propriétaire; il devra donc intenter la *rei vindicatio* et réclamer séparément et en détail chacun des objets du pécule [2].

3° Une autre conséquence est relative à la *collatio bonorum* [3]. Lorsqu'un enfant émancipé arrive à la succession de son père, le préteur pour rétablir l'égalité entre tous les enfants, l'oblige à rapporter tous les biens qu'il a acquis depuis l'émancipation. Ulpien suppose une personne se trouvant dans le cas de la *collatio bonorum,* et qui de plus a un fils ayant lui-même un pécule castrense : la question est de savoir si le père devra rapporter les biens du pécule. Si le fils est actuellement vivant, la *collatio* n'est pas nécessaire, car le père n'ayant aucun droit sur ce pécule doit être considéré comme lui étant étranger. Mais si le fils est mort au moment où il s'agit de faire la *collatio bonorum,* le jurisconsulte décide que le père doit *conferre*

1. D. Lib. 49, Tit. 17, Loi 17.
2. D. Lib. 6, Tit. 1, Loi 56.
3. D. Lib. 37, Tit. 6, Loi 1, § 22.

bona castrensia, parce qu'il en a toujours été propriétaire, et que nous sommes en présence d'un bien acquis depuis l'émancipation. Dans le second alinéa du
même texte, Ulpien modifie son espèce, et suppose que le
fils a institué son père héritier, et lui a donné un
substitué vulgaire. On ne sait pas encore si le pécule
sera attribué au père *jure peculii*, et si, par conséquent,
il sera obligé d'en faire la *collatio ;* il faut pour cela que
le substitué lui-même refuse de faire adition ; dans ce
cas le père, ayant toujours été propriétaire du pécule,
doit *conferre* les biens qui le composent [1].

Nous avons dit, plus haut, que certains actes faits
par le père, même *vivo filio*, pouvaient être valables ;
et nous avons même posé en principe que, si le père
ne pouvait pas faire des actes destinés à produire un
effet immédiat, il pouvait du moins faire ceux qui ne
doivent produire leur effet que dans l'avenir.

Ici se place l'examen de deux hypothèses prévues
par Tryphoninus [2] et qui confirment en tous points
cette théorie.

Le jurisconsulte, supposant d'abord que le père a,
vivo filio, affranchi un esclave du pécule par la *vindicte*, déclare sans hésiter que cet affranchissement
est nul, quand même le fils mourrait *intestat*. La raison de cette nullité est que l'affranchissement par le
vindicte doit produire un effet immédiat ; or, au moment où le père a affranchi l'esclave, il n'avait pas le
droit de disposer des objets du pécule ; il n'a donc
pu donner la liberté à l'esclave.

1. D. Lib. 37, Tit. 6, Loi 1, § 22.
2. D. Lib. 49, Tit. 17, Loi 19, § 4.

Tryphoninus dans le même texte se pose la question suivante : un père dans son testament lègue la liberté à un esclave du pécule castrense, le fils meurt intestat, le père meurt ensuite : le legs de liberté dont il s'agit sera-t-il valable? Le jurisconsulte expose d'abord les raisons de douter, raisons qui sont au nombre de deux. La première, c'est qu'un esclave ne peut appartenir à la fois à deux personnes différentes : *occurrebat non posse dominium apud duos pro solido fuisse;* si le fils a le droit d'affranchir l'esclave de son pécule, il faut nécessairement décider que le père ne le peut pas parce que le *jus manumittendi* ne peut appartenir qu'à l'un d'eux. Or l'empereur Adrien a décidé que le fils peut affranchir l'esclave du pécule castrense ; il est donc certain que le fils peut, sa vie durant, donner la liberté à cet esclave: la conséquence est que le père n'a pas ce droit. La seconde raison de douter, c'est que si le père et le fils avaient l'un et l'autre affranchi un esclave, ce dernier tiendrait sa liberté du fils et non du père; c'est donc que le père ne peut pas l'affranchir valablement. Le jurisconsulte ne s'arrête pas à cette double raison de douter, il se prononce en faveur de la liberté, et déclare valable l'affranchissement testamentaire fait par le père, même du vivant du fils. En effet, outre la faveur si grande accordée aux affranchissements, il faut admettre que les droits du père n'ont d'autres limites que ceux du fils : or le fils étant mort *intestat*, le père est censé avoir toujours été propriétaire du pécule et par conséquent de l'esclave affranchi [1].

1. D. Lib. 49, Tit. 17, Loi 49, § 3.

Signalons, avant de terminer ce paragraphe, l'hypothèse suivante : un fils de famille meurt *intestat*, mais
il a chargé, par un codicille, son père de restituer le
pécule à une personne désignée. Le père pourra-t-il
retenir la quarte Falcidie sur le fidéicommis? La raison de douter vient de ce qu'il n'y a pas d'hérédité,
puisque le père prend les biens *jure peculii*. Le jurisconsulte Paul pense que l'on peut étendre à cette hypothèse le bénéfice de la loi Falcidie [1].

§ II. — *Le fils a disposé de son pécule par testament.*

L'héritier institué peut être soit le père lui-même,
soit un étranger; examinons ces deux cas.

Si le fils a choisi son père pour héritier, ce dernier
peut opter entre deux partis : accepter l'hérédité où
la répudier.

Dans le cas où le père fait adition, aucune difficulté
ne se présente : il recueille le pécule, *jure hereditatis*,
comme un héritier ordinaire, et de là plusieurs conséquences.

Il sera tenu de payer les dettes *ultra vires peculii*;
les actions héréditaires auront contre lui la même durée
qu'elles auraient eue contre le fils; il pourra exercer
la *petitio hereditatis* contre les tiers, pour revendiquer
en bloc l'universalité du pécule castrense. Si une chose
est soustraite du pécule, il aura contre le coupable la
persecutio expilatae hereditatis [2].

1. D. Lib. 35, Tit. 2, Loi 18.
2. D. Lib. 41, Tit. 4, Loi 33, § 1.

Le père pourra-t-il, quand il exécutera les legs mis à sa charge, recueillir le quart de la succession en vertu de la loi Falcidie? Il faut distinguer : Si le fils a fait son testament selon le droit commun, et s'il est mort un an après avoir quitté le service, le père peut invoquer le bénéfice de la loi Falcidie : *ratione Falcidiæ retinebitur quarta*[1] ; si, au contraire, ces deux conditions ne se sont pas réalisées, il devra acquitter intégralement les legs mis à sa charge.

Si maintenant le père ne fait point adition d'hérédité, le testament du fils est sans effet, il est *destitutum*, et le père recueille le pécule *jure peculii* ; de là toutes les conséquences que nous avons énumérées dans l'hypothèse où le fils meurt *intestat*. Que vont devenir alors les legs dont était grevée l'hérédité? Ils tomberont, et le père ne sera nullement tenu de les exécuter, pourvu qu'il soit de bonne foi dans son refus d'adition. Mais qu'arrivera-t-il si le père répudie le testament de son fils dans une intention de dol, et afin de se soustraire aux charges imposées par le défunt? Papinien[2] nous apprend que le père, s'il agit ainsi, tombera sous le coup de l'édit du préteur, *si quis omissa causa testamenti*, édit qui a justement eu pour but d'empêcher les calculs frauduleux des héritiers testamentaires refusant de faire adition, pour se contenter de leur qualité d'héritier *ab intestat*, et se soustraire ainsi aux charges et volontés imposées par le défunt[3]. Toutefois, si le père n'avait abandonné le testament de son fils qu'en raison

1. D. Lib. 49, Tit. 17, Loi 17, § 1.
2. D. Lib. 49, Tit. 17, Loi 17, § 1.
3. D. Lib. 29, Tit. 4.

de l'insuffisance du pécule pour l'acquittement de toutes les dettes, *quia peculium creditoribus solvendo non est*, on ne peut lui reprocher aucun dol, bien qu'en agissant de la sorte il abrége le temps pendant lequel il sera responsable à l'égard des créanciers.

Si le fils a institué un étranger et que cet étranger accepte la succession, aucune difficulté ne se présente : le père n'a aucun droit sur le pécule qui est censé ne lui avoir jamais appartenu. Le fils avait le droit de disposer de son pécule, et les biens qui le composent sont acquis définitivement à l'héritier institué, et échappent au père. Ce dernier ne peut même pas prétendre à la portion légitime que la loi Falcidie accorde aux héritiers institués, et qui fut plus tard également donnée à tous les héritiers du sang que le *de cujus* a injustement dépouillés de son hérédité. Pomponius [1] l'atteste formellement, lorsqu'il dit qu'il n'est rien dû au père sur les biens castrenses de son fils : *ex nota Marcelli constat nec patribus aliquid ex castrensibus bonis filiorum deberi.* La seule question qui puisse se présenter est celle de savoir si, jusqu'à l'adition, le pécule constitue une véritable hérédité jacente à laquelle on puisse appliquer la maxime : *hereditas jacens personam defuncti sustinet.* Ayant déjà traité cette question dans la section 2 de ce chapitre, nous nous bornons ici à la rappeler.

Mais l'héritier institué peut ne pas accepter l'hérédité qui lui est offerte; le pécule castrense est alors attribué au père *jure peculii*, absolument comme si le

1. D. Lib. 49, Tit. 17, Loi 10.

fils était mort *ab intestat*. Toutefois une difficulté se
présente quand il s'agit d'appliquer le principe de la
rétroactivité. Lorsque le fils est mort intestat, c'est-à-
dire sans avoir usé de son droit de disposition sur le
pécule, il est tout naturel de dire que le père en a
toujours été propriétaire. Mais lorsque le fils a fait un
testament, la situation n'est plus la même, et malgré la
répudiation de l'hérédité, il n'en reste pas moins ce fait
très-important, que le fils a voulu écarter son père.
C'est ce qui explique pourquoi nous rencontrons dans
les textes des difficultés sérieuses.

Examinons tout d'abord le cas où le père a, du vivant
de son fils, donné par testament la liberté à un esclave
du pécule. Nous avons étudié dans le paragraphe précédent la même hypothèse dans le cas où le fils prédécède intestat ; et nous avons décidé dans ce cas
avec Tryphoninus que cet affranchissement est valable.
Supposons maintenant, avec le même jurisconsulte [1],
que le fils a fait un testament, mais que l'héritier institué a refusé de faire adition : faut-il décider, comme
si le fils était mort intestat, que le père a pu valablement laisser par testament la liberté à un esclave
du pécule castreuse ? Tryphoninus hésite beaucoup à
donner cette solution : *non tam facile est dicere conti-
nuatum patri post mortem filii dominium*. En effet, pendant que l'héritier délibère, il y a une hérédité jacente,
et il est bien difficile d'admettre que pendant le temps
que dure cette délibération le père est propriétaire.
Si donc le père, pendant le *medium tempus*, n'a pas été

propriétaire du pécule castrense, comment lui reconnaître le droit d'affranchir valablement un esclave qui en fait partie? Malgré ces objections Tryphoninus déclare néanmoins que l'esclave sera libre; mais il ne se prononce, avons-nous dit, qu'avec une grande hésitation et uniquement en raison de la faveur due aux affranchissements.

Nous rencontrons des difficultés bien plus considérables, si nous supposons que l'esclave du pécule est devenu acquéreur par stipulation ou par legs pendant que les héritiers délibèrent; dans ce cas la stipulation et le legs sont-ils valables? Supposons d'abord une acquisition par stipulation; si l'héritier institué fait adition, on appliquera la maxime: *hereditas jacens personam defuncti sustinet*, et les stipulations seront pleinement valables. La difficulté s'élève, lorsque l'héritier répudiant l'hérédité, les biens du fils passent au père *jure peculii*. Papinien[1] décide que le père ne profitera pas de la stipulation, parce que, au moment où elle a été faite, l'esclave ne lui appartenait pas: *nullum momenti videatur cum in illo tempore non fuerit servus patris;* Papinien repousse donc formellement le principe de la rétroactivité. Mais après avoir refusé au père le droit de profiter de la stipulation, le jurisconsulte termine par ces mots qui sont le renversement de toute sa théorie: *sed paterna verecundia nos movet quatenus et in illa specie, ubi jure pristino apud patrem peculium remanet, etiam adquisitio stipulationis, vel rei traditæ per servum fiat.* Il y a là contradiction

1. Lib. 49, Tit. 17, Loi 14, § 1 et Lib, 45, Tit. 3, Loi 18.

évidente entre les deux parties de ce texte. Mais
comme il est impossible d'admettre qu'un jurisconsulte aussi profond que Papinien pose une conclusion
si contraire à ses prémisses, il nous faut donc expliquer autrement cette contradiction. Selon Cujas et
Pothier, cette phrase aurait été ajoutée par Ulpien
dans le but de mettre d'accord la doctrine de Papinien
avec la sienne. Ulpien accorde en effet au père les
acquisitions faites par l'esclave pendant que l'héritier
délibère; il ajoute même qu'il est d'accord avec Marcellus et Scævola[1]. Quelques commentateurs attribuent,
au contraire, cette interpolation à Tribonien. Cette
interprétation trouve sa preuve dans les expressions
mêmes de la loi qui nous occupe. Le mot *quatenus* est
pris dans le sens de *ut*, « à tel point que », tandis que
dans la latinité correcte de l'époque d'Ulpien et de
Papinien il signifie toujours *après que*. Cette remarque
se trouve corroborée par l'apparition des mots *paterna
verecundia*, expression usitée dans le latin du bas-empire et que l'on chercherait vainement dans les écrits
d'Ulpien.

Quant au legs fait à l'esclave et qui devient exigible
pendant que les héritiers délibèrent, il n'y a pas de
controverse. Papinien[2] et Ulpien[3] s'accordent pour
reconnaître qu'il appartient au père. Ces deux décisions
opposées n'ont rien de contradictoire entre elles : en
effet, l'efficacité de la stipulation se détermine d'après

1. Lib. 41, Tit. 1, Loi 33.
2. Lib. 49, Tit. 17, Loi 14, § 2.
3. Lib. 11, Tit. 1, Loi 33.

l'époque où elle a lieu. Le legs, au contraire, est susceptible de rester en suspens, l'effet s'en apprécie au
moment où il se fixe sur la tête du légataire.

SECTION IV.

INNOVATIONS DE JUSTINIEN.

Justinien dans ses Institutes[1] modifie les droits du
père sur le pécule castrense de son fils, lorsque celui-
ci meurt sans avoir fait de testament. Nous avons vu
que le fils mourant intestat, les biens du pécule castrense passaient immédiatement au père qui les repre-
nait *jure peculii*. Sous Justinien il n'en est plus ainsi, le
pécule castrense du fils mort intestat est dévolu :

1° A ses ascendants.

2° A ses frères et sœurs.

3° A son père.

Dans ce cas, ajoute le texte, le père recueille les biens
jure communi. Que signifie cette expression? Justinien
s'en est-il servi pour exprimer le *jus peculii* ou bien le
jus hereditatis?

Cujas et de nos jours M. Ortolan soutiennent que les
mots *jure communi* signifient *jure peculii*, et ils s'appuient l'un et l'autre sur un passage de Théophile ainsi
formulé : *jure communi id est tanquam peculium paganum.*
L'opinion de Théophile, contemporain de Justinien et
rédacteur des Institutes, nous paraît préférable à la
suivante.

1. Inst. Lib. 2, Tit. 12.

Vinnius, Ferdinand de Retes et récemment MM. Ducaurroy et Demangeat prétendent au contraire que les mots *jure communii* sont synonymes de *jure hereditatis* : en effet, disent-ils, si l'on admettait l'opinion de Théophile, et si, par conséquent, le père succédait au fils *tanquam in peculio pagano*, il faudrait admettre également que le père recueille seul le pécule à l'exclusion de tous les autres parents.

Du reste sous le nouveau système successoral introduit par les Novelles 118 et 127, cette controverse perdit tout intérêt ; le père devint alors très-certainement un héritier ordinaire ; il passa du troisième degré au second, et il lui fut permis de venir en concours avec les frères et sœurs germains.

CHAPITRE III.

DU PÉCULE QUASI-CASTRENSE.

Le pécule castrense fut une première exception à ce principe excessif, qui attribuait au père de famille toutes les acquisitions faites par ceux qui étaient sous sa puissance. Cette institution du pécule castrense constituait d'ailleurs une inégalité de situation entre les militaires et les fonctionnaires civils : aussi peu à peu la législation romaine assimila aux biens acquis à l'armée, ceux acquis dans l'exercice des fonctions civiles : de là le pécule quasi-castrense.

On ne sait pas au juste à quelle époque ce pécule prit naissance ; certains passages d'Ulpien semblent

faire croire que ce pécule était connu de son temps [1].
Papinien paraît également y faire allusion, lorsqu'il
range parmi les choses que le fils de famille conserve
à titre de *præcipua*, les *stipendia cœteraque salaria* [2].
Mais des auteurs ont contesté l'authenticité de ces textes et y voient des interpolations de Tribonien ; de
plus Justinien parle d'*anteriores leges* qui ont établi le
pécule quasi-castense. Quoi qu'il en soit, l'empereur
Constantin, dans une constitution de l'an 320 [3], donne
aux fils de famille, officiers du palais, la propriété de
ce qu'ils ont gagné pendant leurs fonctions, soit par
leurs économies, soit par dons de l'empereur. Théodose et Valentinien étendent ce privilége à divers fonctionnaires du prétoire [4] ; Honorius et Théodose accordent la même faveur aux assesseurs et avocats de
toutes juridictions [5] ; Léon et Anthémius l'étendent aux
évêques et aux clercs [6] ; et enfin Anastase l'accorde
également aux *silentiarii*, c'est-à-dire aux huissiers du
palais impérial [7]. Justinien donna encore au pécule
quasi-castrense une plus grande extension ; et les mé-
decins du prince, les professeurs d'arts libéraux, tous
ceux, en un mot, qui reçoivent des dons de l'empereur ou de l'impératrice, ou sont salariés par l'État,

1. D. Lib. 29, Tit. 5, Loi 7.
2. E. Lib. 17, Tit. 2, Loi 52, § 8.
3. C. Lib. 12, Tit. 31.
4. C. Lib. 12, Tit. 37, Loi 6.
5. C. Lib. 2, Tit. 7, Loi 4.
6. C. Lib. 1, Tit. 3, Loi 31. Cette loi leur permet en même temps
de tester sur le pécule créé à leur profit.
7. C. Lib. 12, Tit. 16, Loi 5.

purent avoir un patrimoine distinct de celui du *pater-familias* [1].

Le droit de tester sur le pécule quasi-castrense n'avait été accordé avant Justinien qu'à certaines classes privilégiées ; tels étaient les consuls, les proconsuls, les préfets de légion, les présidents de province, les évêques. Cet empereur, le premier, donne la *factio testamenti* à tous ceux auxquels appartient le droit d'avoir un pécule quasi-castrense. Le testateur devra user de ce privilége dans les formes ordinaires ; mais il jouira d'une faveur particulière : celle de voir son testament à l'abri de toute attaque pour inofficiosité [2].

Les règles que nous avons exposées quant aux droits du père sur le pécule castrense seront applicables au pécule quasi-castrense, dont l'assimilation avec le premier devint entière et complète sous Justinien. Nous n'avons donc pas à insister sur ce point.

CHAPITRE IV.

DU PÉCULE ADVENTICE.

Le pécule que les commentateurs ont nommé *pécule adventice* fut la dernière modification apportée à l'ancienne puissance paternelle des Romains par les constitutions impériales. Nous avons vu la vieille maxime : *quidquid adquirit filius, id adquirit pater*, battue successivement en brèche par l'institution des pécules cas-

1. C. Lib. 3, Tit. 28, Loi 37.
2. C. Lib. 3, Tit. 28, Loi 37, § 1

trense et quasi-castrense. Cette réforme ne fut pas suffisante, et il y avait encore dans la loi romaine une lacune considérable à combler. Le pécule castrense, en effet, était propre aux soldats, le pécule quasi-castrense aux fonctionnaires, et dès lors les autres fils de famille qui n'étaient ni fonctionnaires ni soldats et toutes les filles de famille se trouvaient injustement déshérités d'un privilége que la nature des choses devait également leur faire accorder. La situation était donc inégale, et appelait sur ce point un changement dans la législation; il y avait quelque chose de choquant à voir le père disposer à son gré de biens qui appartenaient à son fils. C'est dans le but de faire cesser cette injustice que le pécule adventice fut créé par Constantin dans une constitution de l'année 316. D'abord restreint aux biens provenant de la succession de la mère, le pécule se développa peu à peu, et, sous Justinien qui lui donna sa dernière extension, il comprenait tout ce que les fils de famille acquièrent par une cause quelconque, sauf celles qui proviennent *ex substantia patris*. Nous allons successivement examiner :

1º Quels biens sont compris dans le pécule adventice.

2º Quels sont les droits du père sur ce pécule.

3º Quels sont les droits du fils.

SECTION I.

COMPOSITION DU PÉCULE ADVENTICE.

Constantin décide que les biens recueillis par le fils dans la succession de sa mère soit *ex testamento* soit *ab intestat* lui appartiendront pour la nue-propriété et que le père, sa vie durant, en aura seulement l'usufruit [1].

Arcadius et Honorius étendirent le même privilége à tous les biens qui adviendraient au fils, d'un ascendant maternel, quel que fût d'ailleurs le titre d'acquisition, succession *ab intestat*, donation ou testament [2].

Théodose et Valentinien comprirent également dans ce pécule tout ce qu'un époux donne à son conjoint, également à quelque titre que ce soit ; l'objet légué devient la nue-propriété de l'époux donataire [3].

Léon et Anthémius, se fondant sur l'avis de Julien, qui, parlant du fonds dotal, assimile à cet égard la fiancée à l'épouse [4], étendirent la constitution de Théodose et de Valentinien à tous les dons faits entre fiancés [5].

Le pécule adventice fut définitivement constitué par Justinien qui, généralisant d'une manière complète le principe introduit par Constantin, décide que le fils conserverait la propriété exclusive de tous les biens qui lui adviendraient par un fait quelconque : *si quis filius familias, vel patris sui vel avi, vel proavi inpotestate cons-*

1. C. Lib. 6, Tit. 60, Loi 1.
2. C. Lib. 6, Tit. 60, Loi 2.
3. C. Lib. 6, Tit. 61, Loi 1.
4 D. Lib. 24, Tit. 4, Loi 4.
5. C. Lib. 6, Tit. 61, Loi 5.

*titulus, aliquid sibi acquisierit non ex ejus substantia cujus
in potestate sit, sed ab aliis quibuscumque causis, quæ ex
liberalitate fortunæ, vel laboribus suis ad eum perveniant,
eas suis parentibus non in plenum sicut antea fuerat sanci-
tum sed usque ad usumfructum solum acquirat, et earum
ususfructus quidem apud patrem, vel avum vel proavum,
quorum in sacris sit constitutus, permaneat. Dominium
autem filiusfamilias inhæreat, ad exemplum, tam mater-
narum quam ex nuptialibus causis filiusfamilias adqui-
sitarum rerum* [1].*

Ainsi le pécule adventice au temps de Justinien
comprend tous les biens du fils, sauf ceux qui composent les pécules castrense et quasi-castrense. Et quelle
que soit la cause d'acquisition d'un bien du pécule
adventice, pourvu qu'il ne vienne pas du père, le fils
en a la nue-propriété, tandis que le père n'en a que
l'usufruit.

SECTION II.

DROITS DU PÈRE SUR LE PÉCULE ADVENTICE.

Nous venons de voir que le père a seulement l'usufruit du pécule adventice; mais il trouve dans sa
qualité de père qui lui confère cet usufruit, certaines
prérogatives refusées aux usufruitiers ordinaires.

Nous pouvons dire, en principe, que le père a sur
les biens du pécule adventice les mêmes droits qu'il
pourrait avoir s'il était usufruitier de biens appartenant à un étranger; mais son titre de *paterfamilias*
lui donne des pouvoirs exceptionnels. Ainsi le père

---

1. C. Lib. 6, Tit. 61, Loi 6.

n'est pas obligé de donner caution, de fournir hypothèque ; il n'est pas davantage tenu de rendre compte à la
fin de l'usufruit, toutes obligations imposées à un
usufruitier ordinaire, et Justinien nous donne le motif
de cette faveur : *Paterna reverentia cum excusante* [1].

En un mot, le père a les pouvoirs les plus étendus, et
son droit d'administration ne souffre aucun contrôle :
rerum habeat parens plenissimam potestatem, uti fruique
his rebus, quæ per filiosfamilias secundum prædictum
modum adquiruntur, et gubernatio (rerum) earum sit
penitus impunita [2].

Le père de famille doit-il faire inventaire ? Malgré
l'avis de Doneau, il me paraît difficile d'admettre l'affirmative. Le texte dispense le père : *a ratiociniis, a*
cautionibus et ab aliis omnibus, quæ ab usufructuariis
extraneis a legibus exiguntur. Cette expression : *et*
ab aliis omnibus, etc., est aussi générale que posible, et
doit embrasser l'obligation de faire inventaire, puisqu'un usufruitier ordinaire en est tenu, et que le père
est dispensé des charges qu'impose un usufruit ordinaire. Il est cependant défendu au père d'aliéner ou
d'hypothéquer les biens du pécule adventice ; encore
cette règle souffre-t-elle plusieurs exceptions qui nous
sont indiquées par les textes :

1° Si une succession grevée de dettes est échue à
l'enfant, le père peut et doit, en commençant par le
mobilier, vendre *filii nomine*, la partie des biens de
l'hérédité nécessaire pour acquitter les dettes. Re-

1. C. Lib. 6, Tit. 61, Loi 8, § 4.
2. C. Lib. 6, Tit. 61, Loi 6, § 2.

marquons qu'il n'y a pas là pour le père une simple faculté, mais un devoir. Il doit vendre, et, s'il ne le fait pas, il s'expose à payer les intérêts des dettes avec les revenus de son usufruit, ou même avec ses propres deniers [1].

2° Si le testament qui institue le fils contient des fidéicommis et des legs annuels ou non, le père devra vendre également ce qui sera nécessaire pour les acquitter, en commençant par les meubles, et une fois arrivé aux immeubles, en se débarrassant d'abord de ceux qui n'offrent peu ou point de rapport [2].

3° Si une profonde misère le réduit à cette extrémité, le père, pour satisfaire à ses besoins et à ceux de sa famille, pourra encore vendre les biens adventices, ou s'il ne trouve pas d'acquéreur, les hypothéquer [3].

4° Enfin il peut aussi se débarrasser des biens meubles ou immeubles qui sont plus onéreux qu'utiles à conserver, et dont on ne peut retirer un profit qu'en les aliénant. Le produit de la vente sera employé à couvrir les frais d'administration et d'amélioration des autres biens héréditaires, ou bien sera réservé au fils de famille [4].

Les obligations imposées au père usufruitier sont en général celles qui incombent à l'usufruitier ordinaire. Il doit nourrir et entretenir les esclaves du pécule, acquitter les charges annuelles, supporter enfin toutes

1. C. Lib. 6, Tit. 61, Loi 8, § 4.
2. C. Lib. 6, Tit. 61, Loi 8, § 4.
3. C. Lib. 6, Tit. 61, Loi 8, § 5.
4. C. Lib. 6, Tit. 61, Loi 8, § 5.

les dépenses qui se prennent ordinairement sur les revenus. Quant à l'obligation de veiller à l'entretien et à l'éducation des enfants, elle ne résulte pas de sa qualité d'usufruitier. Elle a sa source dans la nature et dans les lois qui obligent les pères et les enfants à se fournir réciproquement des aliments lorsque les uns ou les autres tombent dans l'indigence [1].

C'est le père qui a qualité pour intenter en justice les actions relatives au pécule adventice ; mais comme l'intérêt du père n'est pas seul en jeu, et que le fils, à raison de son titre de nu-propriétaire, doit au moins être consulté, le père, pour agir, devra obtenir le consentement du fils, si ce dernier est présent et majeur. Dans tous les cas, c'est le père qui supporte les dépens du procès [2].

L'usufruit du père sur les biens du pécule adventice prend fin dans les cas suivants :

1º Si le père vient à mourir, son droit d'usufruit s'éteint complétement, et le fils acquiert la pleine propriété des biens de son pécule [3].

2º Le père peut abandonner, au profit de son fils, son droit à l'usufruit des biens du pécule. Dans ce cas les autres héritiers ne peuvent rien réclamer, attendu que le père est censé avoir fait une donation au propriétaire des biens adventices [4].

3º L'émancipation du fils n'éteint pas complétement l'usufruit, elle ne fait que le restreindre. Constantin

1. C. Lib. 6, Tit. 61, Loi 8, § 5.
2. C. Lib. 6, Tit. 61, Loi 8, § 3.
3. C. Lib. 6, Tit. 61, Loi 1.
4. C. Lib. 6, Tit. 61, Loi 6, § 2.

décida [1] que le père qui émancipait un de ses enfants pouvait retenir en pleine propriété le tiers des biens dont il n'avait que la jouissance. Justinien [2] apporta une modification à cette règle, en accordant au père émancipateur, non pas un tiers en propriété, mais la moitié en usufruit [3].

Remarquons, en terminant cette section, que la mort du fils ne change rien à la situation du père, qui continue à jouir du pécule jusqu'à son propre décès [4].

SECTION III.

DROITS DU FILS SUR LE PÉCULE ADVENTICE.

Le père, nous l'avons vu, est usufruitier des biens du pécule adventice. Le fils a naturellement sur ce même pécule un droit de nue-propriété ; mais ses pouvoirs sont bien moins étendus que ceux de tout autre nu-propriétaire ; il serait même plus vrai dire que le droit du fils de famille sur son pécule adventice ne se manifeste guère qu'à la mort du *paterfamilias*. Ainsi le fils ne peut ni aliéner, ni hypothéquer les biens qui composent le pécule adventice sans le consentement de son père : *nulla licentia filiis concedenda dominium rei ad eos pertinentis alienare vel hypo-*

1. C. Lib. 6, Tit. 60, Loi 1.
2. C. Lib. 6, Tit. 61, Loi 6, § 3.
3. Nous trouvons une solution différente dans notre Code civil ; l'art. 384 fait cesser l'usufruit légal à l'émancipation.
4. Dans notre droit civil, l'usufruit légal cesse quand l'enfant atteint l'âge de dix-huit ans.

thecæ titulo dare, *vel pignori adsignare* [1]. Justinien a voulu par cette prohibition protéger les jeunes gens contre l'entrainement de leurs passions : *melius est enim*, dit-il, *coarctare juveniles calores ne cupidini dediti tristem exitum sentiant qui eos post dispersum expectat patrimonium* [2]. Le fils ne peut exercer aucune action relative à son pécule adventice [3]; il ne peut non plus tester sur les biens dont son père à l'usufruit [4]. Si le fils ne peut avoir sur ce pécule des héritiers testamentaires, il peut du moins avoir des héritiers *ab intestat* ; ce privilége lui fut accordé par différentes constitutions.

Théodose et Valentinien attribuèrent les biens adventices aux enfants ou descendants du fils de famille, l'usufruit étant réservé à leur aïeul [5].

Une constitution de Léon et Anthémius décida qu'à défaut de descendants les biens adventices appartiendraient aux frères ou sœurs consanguins, et que si ces deux classes d'héritiers faisaient défaut, le pécule serait partagé par portion virile entre les frères et sœurs nés d'autres mariages. Remarquons qu'il ne s'agit ici que de la nue-propriété de ces biens dont le père continue à garder l'usufruit [6]. Enfin, la novelle 118, chap. 2, en conservant le premier rang aux enfants, fait concourir le père avec les frères et sœurs ; il acquiert en

1. C. Lib. 6, Tit. 61, Loi 8, § 5.
2. C. Lib. 6, Tit. 61, Loi 8, § 5.
3. C. Lib. 6, Tit. 61, Loi 8, § 3.
4. C. Lib. 6, Tit. 61, Loi 8, § 5.
5. C. Lib. 6, Tit. 61, Loi 3.
6. C. Lib. 6, Tit. 61, Loi 1.

pleine propriété les biens qui lui sont attribués dans le partage, mais il perd l'usufruit des autres biens. Si les droits du fils sont paralysés au profit du père, ils se retrouvent intacts à la mort de ce dernier : aussi ne rapporte-t-il point à la succession de son père les biens dont ce dernier avait la jouissance [1].

Pour compléter notre étude sur le pécule adventice, il nous reste à examiner certains cas assez rares dans lesquels le père n'a pas l'usufruit de ce pécule, qui appartient alors en toute propriété au fils de famille. Cette situation exceptionnelle du fils constitue ce que quelques commentateurs (Heineccius, Mackeldey, MM. de Savigny et de Fresquet) appellent *peculium extraordinarium vel irregulare*. Il se présente au profit du fils dans les cas suivants :

1° Lorsqu'une libéralité est faite au fils, à la condition que le père n'aura pas l'usufruit des biens donnés [2];

2° Lorsque le fils accepte à ses risques et périls, *patre recusante*, des successions, donations ou fidéicommis [3].

3° Lorsque les parents du fils divorcent sans motif légitime. Dans ce cas, comme peine *injusti repudii*, leurs biens sont dévolus à leurs enfants, sauf une partie de leur fortune réservée aux couvents dans lesquels doivent être enfermés la femme et le mari coupables [4].

1. C. Lib. 6, Tit. 61, Loi 6, § 2.
2. Nov. 117, Chap. 1.
3. C. Lib. 6, Tit. 61, Loi 8.
4. Nov. 131, chap. 11.

4° Lorsque le père renonce à son droit d'usufruit sur le pécule adventice [1].

5° Lorsque les enfants héritent, en concours avec le père, des biens de leurs frères et sœurs [2].

Il semblerait que le fils doit jouir, à l'égard de ce pécule extraordinaire, d'une entière liberté d'action, car ces biens étant dégrevés de l'usufruit légal, le fils est devenu plein propriétaire, et devrait, par conséquent, réunir en sa personne tous les pouvoirs qui résultent du droit de propriété. Le fils peut bien aliéner les choses qui composent ce pécule, soit à titre onéreux, soit à titre gratuit. Mais pour intenter toute action relative au pécule, il est tenu de requérir le consentement de son père par une sorte d'acte respectueux [3]. D'ailleurs, de cette incapacité d'ester en justice à laquelle il est soumis, découle pour le fils une faveur protectrice : la prescription ne commence à courir contre lui qu'à sa sortie de la puissance paternelle [4].

Le fils de famille peut-il disposer par testament du pécule extraordinaire ? Des controverses se sont élevées sur ce point ; mais la question nous semble avoir été tranchée par Justinien lui-même dans le sens de la négative : *nullo etenim modo hoc eis permittimus : sed antiqua lex per omnia conservetur, quæ filiusfamilias, nisi in certis casibus, testamenta facere nullo modo concedit* [5]. Nous pensons donc que le fils ne peut pas tester sur

---

1. C. Lib. 6, Tit. 61, Loi 6, § 2.
2. Nov. 118, chap. 2.
3. C. Lib. 6, Tit. 61, Loi 8.
4. C. Lib. 6, Tit. 61, Loi 1.
5. C. Lib. 6, Tit. 22, Loi 11.

ce pécule, parce qu'aucun texte ne lui accorde ce droit.

Demandons-nous, maintenant, si le fils de famille peut donner *mortis causa*, sans le consentement de son père, les biens qui composent son pécule adventice extraordinaire.

Bien que plusieurs auteurs aient soutenu l'opinion contraire, nous pensons que l'affirmative doit être admise. La novelle 117, chap. 1, § 1, nous semble formelle : elle déclare que si des biens sont donnés ou légués au fils à la condition que le père n'en aura pas l'usufruit, il peut en disposer à son gré : *licet sub potestate sint,* dit le texte, *licentiam habeant quo volunt modo disponere.* Aucune restriction n'a été apportée à ce droit de disposition qui comprend évidemment la donation à cause de mort.

Aucun texte ne s'explique sur la validité des emprunts faits par le fils possesseur d'un pécule adventice. Mais beaucoup d'auteurs croient qu'on doit repousser ici, comme en matière de pécule castrense l'application du sénatus-consulte Macédonien, et par suite déclarer valables les emprunts faits par le fils : *Solent doctores,* dit Brunemann, *extendere (regulam) ad adventitia quorum filius plenam proprietatem habet* [1].

L'institution des pécules subsista longtemps encore après la chute de l'empire romain, et nous la voyons rester en vigueur dans le midi de là France jusqu'à une époque assez avancée. On retrouve la théorie des pécules dans le *Breviarium Alarici* (vi° siècle). Il en est également question dans les *Exceptiones Petri*, recueil composé à Valence vers la fin du xi° siècle.

---

1. Brunemann, Tom. 1, pag. 477. De sen.-cons. Macedoniano.

DROIT FRANÇAIS

PREMIÈRE PARTIE

ORIGINES DE L'USUFRUIT LÉGAL.

INTRODUCTION.

Aux termes de l'article 384 du Code civil : « le père, durant le mariage, et, après la dissolution du mariage, le survivant des père et mère, auront la jouissance des biens de leurs enfants jusqu'à l'âge de dix-huit ans accomplis, ou jusqu'à l'émancipation qui pourrait avoir lieu avant l'âge de dix-huit ans ».

Ce droit de jouissance légale des père et mère sur les biens de leurs enfants mineurs constitue un des attributs les plus importants de la puissance paternelle.

Mais avant d'entrer dans l'étude des règles tracées sur ce point par notre Code civil, demandons-nous, tout d'abord, quelle est l'origine de l'usufruit légal [1].

_____

1. Suivant en cela les auteurs les mieux accrédités, nous désignerons le droit de jouissance que nous nous proposons d'étudier,

On accorde généralement à l'usufruit légal une double origine : 1° une origine romaine dans le pécule adventice que nous avons examiné dans la première partie de notre thèse ; 2° une origine coutumière dans le droit de garde ou de bail. Il faut, croyons-nous, trouver une troisième source de l'usufruit légal dans le pouvoir du père (*mundium*) tel qu'il existait chez les Germains.

Le *mundium*, d'abord excessif, était devenu plus doux et constituait ce que nous appellerons un pouvoir de garde ou de protection, bien plus qu'une sorte de *patria potestas*. Tacite nous rapporte qu'il y avait loin de la puissance paternelle des Germains à la même puissance chez les Romains, quant à la rigueur et aux droits qu'elle conférait. De son temps le droit de vie et de mort était aboli chez ces peuples, et il a pu écrire avec vérité, dans le chapitre xix de son traité sur la Germanie : *Numerum liberorum finire, aut quemquam ex adgnatis necare flagitium habetur : plusque ibi boni mores valent, quam alibi bonæ leges.* Ce pouvoir protecteur était conçu dans l'intérêt de l'enfant que le père devait nourrir, élever et protéger ; le *mundium* cessait dès que l'enfant avait atteint l'époque de la majorité. L'*ætas perfecta* n'était pas partout le même ; dans le principe il

sous le nom d'*usufruit légal.* Cette expression pourrait, il est vrai, au premier abord, paraître inexacte, car la loi dans l'art. 384 donne au droit du père et de la mère, sur les biens de leurs enfants, la qualification de *jouissance.* Mais plusieurs articles du Code civil nous autorisent à l'employer. Les art. 601 et 730, entre autres, donnent le nom d'usufruit à la jouissance légale des père et mère, et l'art. 385 nous dit, d'un autre côté, que les charges de cette jouissance sont celles auxquelles sont assujettis les usufruitiers.

parait n'avoir été fixé que par le développement des
forces physiques de l'enfant qui était majeur quand il
savait défendre sa vie et ses biens. Cependant, lors de
la rédaction des Coutumes saliques, on dut prendre
une règle générale. La loi salique fixe à douze ans
l'époque de la majorité ; la loi des Ripuaires et la loi
des Burgondes, à quatorze ans.

Chez les Germains, le père, en vertu du *mundium*
n'absorbait pas comme à Rome la personnalité de l'enfant. Les fils de famille acquéraient des biens pour
leur propre compte ; seulement, avant qu'ils eussent
atteint l'*ætas perfecta*, tandis qu'ils étaient encore *parvoli* pour employer les expressions de la loi salique, le
père avait une sorte de jouissance de leurs biens, même
en cas de second mariage : *Si tamen filii parvoli sunt,
usque ad perfectam ætatem res anterioris uxoris vel dotis
causa liceat patri judicare, sic vero de has nec vendere
nec donare præsumat*[1]. La loi définit le droit du père
par l'expression *liceat judicare*. Les documents cités
par Ducange nous apprennent que *judicare* a la signi-
fication de *disponere*, et même qu'il peut s'étendre au
droit de disposition absolue et indéfinie. Mais le texte
ajoute immédiatement une restriction : *sic vero de has
nec vendere nec donare præsumat*, et par conséquent le
droit de disposer est limité à la jouissance par l'exclusion de la faculté de vendre et de donner. Remarquons, du reste, que ce droit ne peut être appelé
un véritable usufruit. Dans les principes modernes,
l'usufruit est un droit distinct de la nue-propriété; ce

1. Loi salique. Capita extravagantia, Titre VIII.

sont deux choses pouvant appartenir à deux maîtres différents. Les Germains n'avaient pas une idée bien nette de ce démembrement qui nous vient d'une légis-lation plus avancée que la leur : ils ne connaissaient que la propriété; mais comme l'exercice des droits qu'elle produit était accordé seulement à des person-nes *sui juris*, ils avaient établi que pendant l'incapa-cité momentanée du propriétaire, le droit de propriété serait exercé par la personne qui avait celui de jouir; seulement ils avaient pourvu à ce que cette jouissance ne devînt pas un moyen de dépouiller le pupille, et de le laisser sans ressources à l'époque où il aurait atteint l'*œtas perfecta*. Dans ce but, la loi interdisait au père la faculté de vendre ou de donner les biens du pupille; à cette restriction près, il était réputé propriétaire, et exerçait tous les autres droits de la propriété, comme il en supportait les charges, sous les différents rapports naturels, civils et politiques [1].

Nous avons jusqu'à présent considéré le *mundium* seulement en ce qui touche l'autorité paternelle; nous ferons remarquer que le *mundium* comprenait à la fois le pouvoir paternel et le pouvoir marital. Les femmes dont la faiblesse était réputée perpétuelle étaient soumises au *mundium* pendant toute leur vie. Du *mundium* de leur père elles passaient sous celui de leur mari qui acquérait ce pouvoir par des modes particuliers qui rappellent la *coemptio* romaine; mais cet achat, qui a pu être sérieux dans l'origine, finit par devenir purement symbolique.

---

1. Pardessus, l. salique. Dissertation, III.

Nous voyons que le droit de jouissance du père était déjà parfaitement caractérisé chez les Germains, il était, comme chez nous, un attribut de la puissance paternelle; et c'est avec raison, croyons-nous, que l'on doit considérer ce droit de jouissance comme une des origines de notre usufruit légal.

Il faut remarquer cependant qu'en cette matière les emprunts faits au droit coutumier par les rédacteurs du Code sont beaucoup plus considérables que ceux faits au droit romain et à l'élément germanique. Aussi, à raison de l'importance de ces emprunts, il nous paraît indispensable, avant d'entrer dans l'étude même de l'usufruit légal, de jeter un coup d'œil sur le droit de garde dont plusieurs règles sont encore applicables aujourd'hui et qui nous présente par cela même un puissant intérêt.

Bien que l'usufruit légal dérive seulement de la garde noble et bourgeoise, telle qu'elle fut réglée par la Coutume de Paris, il nous faut cependant remonter plus haut, et prendre le droit de garde au moment même où il apparaît dans la législation, c'est-à-dire dans le droit féodal à l'époque où les fiefs devinrent héréditaires. Le droit féodal, en effet, a pendant plus de deux siècles régi les rapports juridiques dans les deux tiers de notre pays; le droit coutumier privé, s'il existait en germe longtemps avant le régime féodal, a été profondément comprimé et pénétré par celui-ci.

Il suit naturellement que plusieurs dispositions de nos Codes qui ont été empruntées à notre ancien droit national et non au droit romain, ne peuvent s'expliquer d'une manière parfaitement satisfaisante pour celui qui ne connaît pas les principes spéciaux suivis relativement aux fiefs, principes qui de bonne heure ont été communiqués à la matière du droit purement privé. Le droit de garde, après avoir été d'abord une institution essentiellement féodale, subit plusieurs transformations : d'abord privilége exclusif des seigneurs, le droit de garde passa aux parents nobles ; enfin il prit définitivement sa place dans le droit privé coutumier en devenant la garde noble et bourgeoise.

Le droit de bail ou de garde a une origine première toute germanique [1] et féodale ; il est complétement étranger à la législation romaine. Nous savons, en effet, qu'à Rome le *paterfamilias* seul (père ou aïeul paternel), et non la mère peut avoir sur le pécule de l'enfant un droit de propriété ou d'usufruit ; que de plus ce droit ne dépend nullement de l'âge de l'enfant, mais seulement de sa qualité de fils de famille, qui peut durer jusqu'à soixante ans et plus. Or nous trouvons dans la garde deux principes entièrement opposés : 1° elle peut appartenir à la mère survivante aussi bien qu'au père, et elle appartient au père du vivant même de l'aïeul paternel et de préférence à celui-ci ; 2° elle cesse dès que l'enfant a atteint un certain âge.

1. Voici un passage de la loi des Burgondes qui montre bien que c'est dans les Coutumes germaniques que se trouve l'origine de notre droit de garde : *Nepos amisso patre, cum rebus omnibus ad avi ordinationem vel sollicitudinem conferatur : ea tamen ratione, si mater ejus secundas nuptias crediderit eligendas. Caeterum si nubere electa castitate distulerit, filii cum omni facultate in ejus solatio et potestate consistant.* (Lex. Burg., Tit. 59.)

Pour étudier cette matière avec méthode, nous rechercherons d'abord ce qui, dans les règles relatives au droit de bail ou de garde, dérivait uniquement du système féodal; nous étudierons ensuite ces règles au point vue purement coutumier.

CHAPITRE I.

DE LA GARDE OU DU BAIL DANS LE DROIT FÉODAL.

SECTION I.

GARDE SEIGNEURIALE ET GARDE ROYALE.

La garde est le droit qui appartenait au seigneur féodal, lorsque le vassal venait à mourir, laissant un héritier mineur, de s'emparer du fief et d'en prendre tous les revenus tant que durait l'incapacité de cet héritier.

Le droit de garde naquit des nécessités du régime féodal. Il était de l'essence même de ce régime que le fief était concédé au vassal à la charge de certains services et principalement du service militaire : si donc le vassal se trouvait incapable de s'acquitter de ce service, il était juste que le seigneur reprît ses droits sur le fief, et ne le restituât au vassal que lorsque celui-ci serait devenu capable de fournir le service militaire, condition essentielle de la concession féodale. Ces incapacités du vassal se produisirent fréquemment lorsque les concessions féodales, de viagères qu'elles étaient, furent devenues héréditaires, ainsi que cela eut lieu sous la deuxième race, aux vIII^e et IXe siècles, le fief put passer à un vassal mineur hors d'état de faire le service militaire pour le compte du suzerain; mais la concession n'était pas pour cela retirée. L'usage s'établit que le seigneur reprit le fief comme suzerain et comme gardien né du vassal mineur; il en percevait les revenus pour les appliquer au payement d'un homme d'armes chargé de faire le service du fief au nom du vassal. Les revenus s'appliquaient en outre à l'entretien et à l'éducation du vassal mineur, le surplus restait au seigneur. Ainsi prit naissance la garde seigneuriale qui se rattache intimement au principe de l'organisation féodale[1]. Les documents que nous possédons sur cette institution ne concernent que deux provinces, la Normandie et la Bretagne; quant aux autres parties de la France, nous n'avons rien qui constate d'une manière positive que l'institution dont nous parlons y ait été en vigueur; mais la garde découlait si naturellement du régime féodal, qu'il est bien probable qu'elle s'est établie à la suite de ce régime dans tout le nord et dans tout le centre de notre pays. Renusson et Pothier présentent la garde seigneuriale comme ayant été d'abord en vigueur dans toute la France féodale et comme s'étant ensuite transformée dans toutes les provinces en un droit accordé à certains parents de l'héritier mineur.

Le droit de garde ne s'appliquait qu'aux fiefs

---

1. La garde seigneuriale est aussi désignée, dans la Coutume de Normandie, sous le nom de garde royale, et quelquefois de garde noble; la Coutume de Bretagne l'appelle bail. Ce mot paraît venir de bajulus, qui signifie gouverneur dans la basse latinité.

nobles, pour les autres tenures il n'y avait qu'une espèce de tutelle déférée à certains parents du mineur. Le fief noble tombait en garde, soit que le vassal fût mineur, soit que le fief appartînt à une femme dont le mari était mineur [1].

Le gardien avait seulement la jouissance du fief; sa position était donc celle d'un usufruitier; mais il perdait son droit de *rachat* ou de *relief*, c'est-à-dire le droit d'exiger une certaine somme à chaque mutation du vassal, notamment en cas de mutation par succession [2]. Il ne pouvait rien faire qui ressemblât à une aliénation, et de plus devait acquitter toutes les dettes du vassal relatives au fief : « Si aulcuns seigneurs vend les maisons ou legs qui sont en sa garde, ou si il les faict arracher ou mettre malicieusement hors du fief qu'il a en garde, il le doibt griefvement amender et rendre plainement, ou perdre la garde du tout pour ce qu'il n'a pas bien gardé la foy à celui qu'il avait en garde » [3].

La garde de la personne n'accompagnait pas nécessairement la garde du fief; on nommait ordinairement au vassal un tuteur qui prenait soin de sa personne et de ses autres biens. Il y avait certains cas où le seigneur avait la garde de la personne, par exemple, s'il s'agissait d'un fief relevant directement du prince [4], ou si le mineur n'avait pas d'autres biens que le fief

---

1. Grand coustumier de Normandie, chap. 33.
2. Cout. de Normandie, art. 225.
3. Grand coustumier de Normandie, chap. 33.
4. Grand coustumier de Normandie, chap. 35.

tombé en garde [1]. Le seigneur était alors obligé de pourvoir à l'entretien du mineur [2] : « le seigneur est tenu à trouver aux orphelins vivre avenant, et ce que mestier leur est, selon leur aage et la valeur des fiefs [3] ».

La garde royale avait beaucoup d'analogie avec la garde seigneuriale : c'était le droit de garde du roi à l'égard de ses vassaux immédiats ; toutefois il y avait entre ces deux gardes quelques différences quant à leur étendue et leur durée.

1° La garde *seigneuriale* ne peut comprendre que les fiefs du mineur, et ne comprend jamais les rotures ; la garde *royale* comprend tous les fiefs et toutes les rotures qui appartiennent au mineur.

2° La garde déférée au seigneur ne comprend pas tous les fiefs du mineur, mais seulement ceux qui relèvent de lui, en sorte que si le mineur a des fiefs dans la mouvance de plusieurs seigneurs, il y a autant de gardiens que de seigneurs dont il relève féodalement ; la garde déférée au roi comprend tous les fiefs du mineur, mouvans de lui ou d'un autre seigneur.

3° La garde déférée au seigneur ne comprend pas tous les fiefs qui relèvent de lui, mais seulement ceux qui en relèvent immédiatement ; la garde déférée au roi comprend tous les fiefs qui relèvent de lui tant médiatement qu'immédiatement [4]. De plus la garde royale se

1. Cout. de Normandie, art. 218.
2. Cout. de Normandie, art. 218 et 219.
3. Grand coustumier de Normandie, chap. 33.
4. Denizart, tome 9. Garde royale, § 2.

prolonge jusqu'à vingt et un ans, tandis que la garde sei‑
gneuriale cesse à l'âge de vingt ans accomplis.

SECTION II.

DROIT DE BAIL ET DROIT GARDE.

La Normandie exceptée, cette garde royale ou sei‑
gneuriale ne fut pas longtemps en vigueur et disparut
avec le xii° siècle. Les seigneurs sentirent de bonne
heure combien était lourd le fardeau de la garde ; ils
cherchèrent donc à se débarrasser des charges qu'elle
leur imposait, charges souvent plus considérables que
l'émolument lui-même. Si d'un côté, en effet, ils
avaient la jouissance des biens du vassal, d'un autre
côté, ils perdaient durant toute sa minorité le droit
de *rachat* et de *relief*. Aussi renoncèrent-ils bientôt à
exercer par eux-mêmes le droit de garde. Mais dans
quelles mains passa ce droit qui avait d'abord apparte‑
tenu exclusivement aux seigneurs ? Les documents de
l'époque féodale nous présentent à cet égard trois sys‑
tèmes différents. Dans le premier système exposé par
Philippe de Beaumanoir dans ses Coutumes de Beau‑
voisis, le bail du fief et la garde de la personne appar‑
tiennent à l'héritier présomptif du fief ; seulement on
peut lui retirer la garde et ne lui laisser que le bail,
s'il paraît y avoir un danger véritable pour le mineur
à être confié à son héritier présomptif. Nous trouvons
un second système dans un coutumier du xiii° siècle, *le
droict et les coustumes de Champaigne et de Brie* ; la garde
est confiée au survivant des père et mère ou à l'aîné des

enfants qui est majeur. Enfin le système qui nous paraît le plus sérieux est celui des Assises de Jérusalem: c'est en effet, de tous les Coutumiers qui nous sont parvenus, celui qui nous retrace de la manière la plus fidèle et la plus complète tous les détails du droit féodal. Voici le principe bien simple que nous trouvons consacré dans les Assises de Jérusalem :

Tandis que la garde seigneuriale s'appliquait à la fois à la personne du vassal et à ses biens, la garde noble se subdivisa en *garde* de la personne, et en *bail* ou administration lucrative des biens. La même personne n'était pas investie de la garde et du bail. Le premier de ces droits était remis aux mains du plus proche parent; le bail appartenait à l'héritier présomptif du fief. Le motif de cette distinction est écrit aux Établissements de saint Louis : « Cil qui ont le retour de la terre ne doivent pas avoir la garde des enfants, car soupçon est qu'ils ne vousissent plus la mort des enfants que la vie, pour la terre qui leur escherroit » [1].

La même idée avait frappé le législateur d'Athènes, car voici ce que nous lisons dans une des lois de Solon : Μη επιτρεπειν, εις ον ι ουσια ερχεται του ορφανου τελευτησαντος [2].

Si le mineur a son père ou sa mère, on suit alors

---

1. Établ. de saint Louis, art. 117.
2. Des traces de ces décisions se retrouvent jusque dans notre loi du 30 juin 1838 sur les aliénés : l'art. 38 de cette loi dispose que le curateur qui peut être nommé à la personne de l'individu placé dans un établissement d'aliénés doit être choisi en dehors de ses héritiers présomptifs.

une règle différente : le bail du fief et la garde de la personne appartiennent au père ou à la mère ; l'affection que les parents doivent avoir pour leurs enfants explique comment on déroge, dans ce cas, à la règle qui ne veut pas que la même personne ait l'administration du fief et la garde du mineur.

Il peut arriver que personne ne se présente pour réclamer la garde ; dans ce cas, il y a lieu à la garde seigneuriale ; le seigneur a l'administration lucrative du fief, sans être toutefois tenu de payer les dettes de son vassal, comme cela a lieu ordinairement ; il doit seulement lui livrer *vesture* et *pasture*.

Le bail prend fin :

1° *A la majorité de l'enfant* ; cette majorité était généralement fixée à quinze ans pour les hommes, et à douze ans pour les femmes. Du reste, le mineur devenu majeur n'est pas absolument obligé de sortir du bail ; on veille seulement à ce qu'une prolongation frauduleuse du bail n'ait pas pour résultat de frustrer le seigneur de son droit de rachat.

2° *En cas de déchéance du baillistre pour forfaiture :* le seigneur prenait alors possession du fief jusqu'à la majorité de l'enfant.

3° *Par le mariage de l'héritière du vassal,* suivant la règle tracée par les Assises de Jérusalem.

Nous devons examiner maintenant : 1° quels sont les droits du baillistre ; 2° quelles sont ses obligations.

Le baillistre avait la pleine propriété des biens laissés par le défunt dont le vassal était héritier, à l'exception de ceux dont le *de cujus* avait disposé par

testament, puis de tout ce qui advenait au mineur
« fors par testament » pendant la durée du bail. Il
faisait siens les revenus du fief, sous l'exception relative au cheval de guerre dû par chaque vassal à son
suzerain, et auquel le mineur, suzerain lui-même d'autres vassaux, pouvait avoir droit. Le baillistre pouvait
aussi concéder sur le fief des droits réels qui duraient
autant que sa jouissance: absolument comme aujour-
d'hui un usufruitier peut hypothéquer son droit d'u-
sufruit. Mais dans tous les cas le vassal devenu
majeur n'était pas tenu des obligations contractées
pendant sa minorité.

Quant aux devoirs que le baillistre avait à remplir,
ils étaient nombreux. Voici succinctement les principaux :

Acquitter les charges, c'est-à-dire porter la foi et
l'hommage au seigneur suzerain et lui payer le rachat ;
faute de quoi le seigneur saisissait le fief et le *mettait
en sa main*. Le survivant des père et mère n'avait toutefois aucun rachat à payer.

Entretenir en bon état les biens du mineur dont il a
l'administration.

Payer les dettes ; le baillistre, qui devenait propriétaire des meubles, devait, par compensation, acquitter
toutes les dettes du mineur ; on voulait que les
meubles fussent employés au payement des dettes, ce
qui, en effet, est d'une bonne administration. Cette
obligation a toujours été sanctionnée par les Coutumiers qui la formulent ainsi : *qui bail prend, quitte le
rend.*

Le baillistre, s'il trouve cette charge trop lourde,

n'est nullement obligé d'accepter le bail : *nul n'est contraint à prendre bail*; mais une fois le bail accepté expressément ou tacitement, il ne peut revenir sur cette acceptation qui est définitive.

Il est à remarquer que le bail opère une espèce de novation dans la personne du débiteur; les créanciers ont pour unique débiteur le baillistre, et le mineur est définitivement libéré à leur égard, sauf quelques cas particuliers dans lesquels il peut être poursuivi après sa majorité.

Le baillistre doit encore :

Pourvoir à l'entretien du mineur, qu'il ait ou non la garde de la personne, « lui livrer pasture et vesture » selon sa condition.

Fournir des sûretés qui garantissaient le payement du rachat et la restitution du fief à la fin du bail [1].

Le droit de bail supposait l'existence d'un fief; il ne pouvait s'appliquer qu'à un bien en vasselage, suivant son origine et son caractère. Mais alors qu'arrivait-il, lorsque le mineur, ne possédant aucun fief, avait d'autres biens ? Il y avait alors lieu à ce qu'on appelait particulièrement *droit   garde*, parce que celui qui administrait les biens était en même temps chargé de la surveillance de la personne. L'exercice de cette garde était confié au plus proche parent du mineur; l'acceptation de cette charge était, comme celle du bail, facultative; à défaut de gardien, on retombait sous le régime de la garde seigneuriale, et les biens étaient confiés à un tuteur.

---

1. Beaumanoir, Cout. de Beauvoisis, chap. 17 et 21.

Ce droit de garde finissait à la majorité ou au mariage de l'enfant (il s'agit de la majorité roturière), c'est-à-dire à quatorze ans pour les hommes et à douze ans pour les filles. Beaumanoir, lui, fixe uniformément la majorité à quinze ans pour les hommes et à douze ans pour les femmes; mais il ne nous présente pas le droit féodal dans toute sa pureté.

Quels sont les droits et les devoirs du gardien?

La garde, à la différence du bail, n'a aucun caractère lucratif; elle ne procure aucun émolument au gardien qui se trouve alors dans la situation d'un simple tuteur.

C'est un administrateur comptable qui doit conserver en bon état les terres qu'il détient; mais, ne retirant de la garde aucun avantage pécuniaire, il est soustrait à la maxime : *qui bail prend, quitte le rend.* Il n'est tenu de payer *de suo* aucune dette du mineur; et quand il rend ses comptes en cessant ses fonctions de gardien, il impute sur le patrimoine du mineur ce qu'il a dépensé pour subvenir à son entretien, ou pour payer ses dettes.

Il doit du reste, de même que le baillistre, fournir certaines sûretés. *Le gardien doit donner seurté et caution spéciale qu'il rendra le pupille, au chef de son age, sans soin et sans dettes et sans loien de mariage*[1].

La situation du gardien se trouve d'ailleurs singulièrement modifiée, quand une société tacite se forme entre lui et le mineur, ce qui arrivait très-fréquemment à cette époque. *Compaignie se fet par nostre coustume,*

---

1. Boutellier, Somme rurale, livre 1, chap. 93.]

par solement manoir, ensanble, a un pain et a un pot, un an et un jor, puisque le mueble de l'un et de l'autre sont mellés ensanble[1]. Dans ce cas, il n'y avait d'autre obligation pour le gardien que celle d'un associé ordinaire, c'est-à-dire de procéder au partage du fonds social à l'expiration de la garde.

Nous trouvons ainsi dans le droit de bail, considéré au point de vue exclusivement féodal, deux périodes bien distinctes. Dans la première, il appartient au seigneur suzerain, et cette garde seigneuriale subsista en Normandie tant que dura la féodalité, c'est-à-dire jusqu'en 1789; dans la seconde, certains parents du vassal mineur sont substitués au seigneur.

Pour qu'il y ait lieu au bail, il fallait nécessairement un fief, une tenure noble. Mais il s'opéra peu à peu dans le bail une transformation complète qui en changea le principe et lui donna une forme toute nouvelle; les règles dont l'application supposait avant tout l'existence d'un fief, s'appliquèrent en raison de la noblesse des personnes, sans qu'on s'inquiétât de la qualité des biens. C'est ainsi que la *garde noble*, prérogative accordée à la noblesse du sang, a remplacé *le droit de bail*, prérogative accordée à la noblesse de terre[2]. L'institution telle que la féodalité l'avait organisée, a subsisté presque tout entière; mais de purement réelle qu'elle était d'abord, elle est devenue personnelle. La réalité, du reste, a subsisté dans quelques pays : ainsi, plusieurs Coutumes n'admettent la garde noble qu'autant

---

1. Beaumanoir, Cout. de Beauvoisis, chap. 21, n° 5.
2. Demangeat, Revue de droit français et étranger, 1845.

qu'il s'agit de fiefs ; d'autres, tout en ne s'attachant qu'à la noblesse du sang, en traitent néanmoins au titre des fiefs, par un souvenir de l'ancien droit de bail[1].

Cette transformation du droit de bail est assurément remarquable, parce qu'elle nous fait voir cette institution sous un jour tout nouveau. Elle marque le moment où le droit de garde cesse d'appartenir au régime féodal, pour entrer dans le domaine du droit privé. Ce changement est le plus important qui se soit opéré dans cette institution ; mais il en amena d'autres considérables, et l'ancien droit de bail ne fut plus qu'un souvenir, tandis que la *garde noble* et *bourgeoise* devint le droit commun des Coutumes.

CHAPITRE II.

DE LA GARDE NOBLE ET BOURGEOISE.

La garde noble et bourgeoise n'est autre chose que l'ancien *droit de bail,* qui, de purement féodal qu'il était dans le principe, subit une dernière transformation et fit partie désormais du droit coutumier privé.

Pothier définit la garde noble : « un droit que la loi accorde au survivant de deux conjoints nobles, *de percevoir à son profit le revenu des biens* que ses enfants mineurs ont eu de la succession du prédécédé, jusqu'à ce qu'ils aient atteint un certain âge, sous certaines

1. Pothier, Introduct'on à la Coutume d'Orléans, no 348.

charges qu'elle lui impose et en récompense de l'éducation desdits enfants qu'elle lui confie. »

La garde, ainsi que nous venons de le voir dans le précédent chapitre, avait été, pendant le xiii° siècle, relative, non pas à la condition du mineur propriétaire, mais à la condition des biens. Au xiv° siècle, elle subit une transformation : elle ne s'applique plus à la propriété, mais au propriétaire. Elle n'a pas lieu toutes les fois qu'un roturier possède des fiefs, et à l'inverse elle a lieu quand un mineur noble possède des biens roturiers. L'attribution de la garde au profit d'un ascendant est plus fréquente qu'au xiii° siècle : le bail et la garde se réunissent dans la même main; et si, au xv° siècle encore, l'on conservait les deux expressions de *garde* et de *bail*, c'est en leur donnant un sens nouveau : la garde noble, c'est désormais la garde et le bail réunis dans la personne d'un ascendant; le bail, c'est la même fonction dévolue à un collatéral.

La garde noble était admise dans presque toutes les Coutumes; néanmoins, celle de Châlons la rejetait complétement : « Garde noble et bourgeoise n'ont lieu, ne bail pareillement, mais doit être pourvu aux mineurs de tuteurs et curateurs [1]. » Du reste, même dans les Coutumes qui l'adoptèrent, cette institution fut loin d'être réglementée d'une manière uniforme, et les dispositions coutumières qui concernent la garde présentent une très-grande diversité : aussi nous bornerons-

1. Coutume de Châlons, art. 9. — La garde noble et bourgeoise n'était pas non plus admise en Normandie, où l'ancienne garde seigneuriale du droit féodal resta en vigueur jusqu'à la Révolution.

nous à exposer, d'après Pothier, ce qui formait le droit
commun des Coutumes.

La garde bourgeoise n'est, dans les Coutumes qui l'admettent, qu'une tutelle légitime, dépourvue de toute
espèce d'émolument. Pothier la définit : « un droit
que la Coutume donne au survivant de deux conjoints
par mariage, ou, à son défaut ou refus, aux autres
ascendants, de gouverner avec autorité les personnes
des enfants mineurs dudit mariage, et qui pourraient
leur advenir d'ailleurs [1]. » Le gardien bourgeois n'est
donc qu'un simple administrateur comptable, et sa
garde ne lui procure aucun avantage pécuniaire; il est
dans la situation d'un tuteur ordinaire. Nous ne nous
occuperons pas de cette garde bourgeoise, totalement
étrangère à notre sujet, et qui, par conséquent, ne
présente qu'un minime intérêt au point de vue où nous
nous plaçons.

Mais il est une Coutume, la Coutume de Paris, dans
laquelle *la garde bourgeoise* est organisée d'une manière
toute différente. C'est une garde revêtue d'un caractère
lucratif, et qui procure au survivant des deux époux
un droit de jouissance sur les biens recueillis par les
enfants mineurs dans la succession du prédécédé. Ce
privilége des bourgeois de Paris leur fut accordé par
lettres patentes de Charles V, du 9 août 1371, et confirmé par ordonnance de Charles VI du 5 août 1390. Le
privilége était spécial au bourgeois de Paris, en ce sens
qu'il ne suffisait pas de demeurer dans une ville régie
par la Coutume de Paris; il fallait être bourgeois de

---

1. Pothier, Coutume d'Orléans. Introd. au titre de la Puiss pat.

Paris, c'est-à-dire avoir demeuré dans la ville et fau-
bourgs de Paris, depuis un an et un jour : « Il faut que
celui qui use de ce privilége ait demeuré en cette ville
ou dans les fauxbourgs d'icelle par an et jour, c'est-à-
dire qu'il y ait établi son véritable et perpétuel domicile avec sa femme, ses enfants et sa famille[1]. » Du
reste, il n'est pas nécessaire d'être né à Paris; il suffit
d'y avoir son domicile lors de la mort du prédécédé,
qui donne ouverture à la garde.

Cette garde bourgeoise de la Coutume de Paris[2] a
tous les caractères et tous les avantages de la garde
noble ; sauf quelques différences, ces deux institutions se confondent; nous allons indiquer ces différences, après quoi nous pourrons en parler simulta-
nément sans avoir besoin de les distinguer.

Ces différences sont au nombre de quatre :

1º *La garde noble* appartient non-seulement au père
ou à la mère, mais même à l'aïeul ou à l'aïeule noble ;
tandis que la *garde bourgeoise* n'est donnée qu'au survivant des père et mère[3].

2º *La garde noble* appartient aux ascendants nobles,
qu'ils soient domiciliés dans la ville de Paris ou en
dehors, pourvu que ce soit dans l'étendue de la Cou-

---

1. Ferrière, Cout. de Paris, art. 173.
2. Quelques autres Coutumes, comme celle de Clermont, admettent
aussi une garde bourgeoise avec émolument pour le gardien; mais
elles la restreignent à la jouissance des biens nobles des mineurs
(Pothier, Garde Noble). La garde bourgeoise se retrouve aussi dans
les Coutumes de Montfort-l'Amaury et de Blois, mais privée de tout
caractère lucratif.
3. Coutume de Paris, art. 265 et 266.

tume; *la garde bourgeoise* n'est accordée qu'aux bourgeois de Paris [1].

3° *La garde noble* dure jusqu'à vingt ans pour les hommes et jusqu'à quinze ans pour les femmes ; *la garde bourgeoise* cesse pour les hommes à quatorze ans et pour les femmes à quinze ans [2].

4° *Le gardien bourgeois* est soumis à l'obligation de donner caution ; *le gardien noble* en est dispensé [3].

Nous examinerons successivement :

1° A qui est déférée la garde noble et bourgeoise.

2° Quels sont les droits du gardien.

3° Quelles sont les obligations du gardien.

4° Quelles causes mettent fin à la garde noble et bourgeoise.

SECTION Ire

A QUI EST DÉFÉRÉE LA GARDE NOBLE ET BOURGEOISE.

La garde appartient en première ligne dans toutes les Coutumes au survivant des père et mère [4] ; mais il y a, suivant les diverses Coutumes, une grande variété quant à la dévolution de ce pouvoir.

Le droit de garde fut toujours une prérogative accordée à la noblesse ; cette distinction des personnes en nobles et en roturiers n'avait pas été restreinte au droit féodal ; elle avait envahi le droit privé lui-

1. Coutume de Paris, art. 265 et 267.
2. Coutume de Paris, art. 268.
3. Coutume de Paris, art. 269.
4. Cependant, quelques coutumes refusent à la mère le droit de garde ; dans la coutume de Metz, au contraire, le père a seulement la tutelle, tandis que la garde lucrative est donnée à la mère.

même. D'après certaines Coutumes, comme celle de Troyes, il fallait même, pour avoir le droit de garde, non-seulement posséder la noblesse, mais encore *vivre noblement*, c'est-à-dire sans rien faire. Si, dans la Coutume de Paris, elle appartenait aux bourgeois, c'est que la bourgeoisie y était une sorte de noblesse qui donnait certains avantages et entre autres celui-là. Du reste, les Coutumes de Berry, de Montfort-l'Amaury et quelques autres encore n'exigeaient ni la noblesse, ni même la bourgeoisie.

Les Coutumes de Melun [1], d'Orléans [2], de Montfort l'Amaury [3], de Sens [4], déféraient le droit de garde non-seulement aux père et mère, mais encore aux ascendants. Il en est quelques-unes, celles du Boulonais, du Hainaut, d'Amiens [5], qui, s'attachant au principe du droit féodal, appellent, à défaut du père ou de la mère, le plus proche parent du côté d'où est venu l'héritage, d'autres appellent alors le plus proche collatéral sans distinguer d'où vient l'héritage. D'autres Coutumes, celles de Meaux [6], de Lodunois [7], du Maine [8], d'Anjou [9], n'appelaient que les père et mère, et excluaient tous les autres ascendants et tous les collatéraux. Du reste, la garde des collatéraux était

1. Cout. de Melun, art. 285.
2. Cout. d'Orléans, art. 26.
3. Cout. de Montfort-l'Amaury, art. 116.
4. Cout. de Sens, art. 156.
5. Cout. d'Amiens, art. 226.
6. Cout. de Meaux, chap. 19, art. 117.
7. Cout. de Lodunois, chap. 38, art. 1.
8. Cout. du Maine, art. 98.
9. Cout. d'Anjou, art. 85.

repoussée par la grande majorité des Coutumes, qui
ne la déféraient jamais qu'à un ascendant. On se défiait
des collatéraux en pareille matière ; comme il s'agit
avant tout de donner à l'enfant un guide et un protecteur
qui prendra soin de sa personne et de ses biens, on
peut craindre qu'un collatéral, qui n'a pas pour le mineur une affection aussi grande qu'un père ou un
aïeul, cherche uniquement son intérêt au préjudice de
celui du pupille. C'est ce que dit le procès-verbal de
rédaction de la Coutume de Troyes : « lequel bail et
garde était grandement préjudiciable à plusieurs enfants mineurs estans au dit païs ; car ceux auxquels
estait le bail ou la garde n'en prenaient la charge, si
non quand ils veoient qu'elle leur était profitable ».
L'ancienne Coutume de Troyes accordait le bail des enfants mineurs, à défaut d'ascendants, aux collatéraux ;
mais lors de la réforme de cette Coutume en 1509, on
rejeta cette règle, sous prétexte qu'il y avait injustice
à donner aux collatéraux les meubles du mineur et les
fruits de ses héritages. La Coutume de Sens, qui admettait aussi dans sa première rédaction le bail des
collatéraux, le rejeta lors de la seconde en 1555 [1]. La
Coutume d'Orléans, tout en maintenant le bail des collatéraux, supprima tout émolument, et en fit ainsi une
sorte de tutelle légitime [2]. La Coutume de Berry admit
bien le bail des collatéraux ; mais elle ne leur donna
que l'usufruit des immeubles et leur refusa tout droit
sur les meubles.

1. Cout. de Sens, art. 156.
2. Cout. d'Orléans, art. 38.

Nous voyons donc que les collatéraux étaient re-
poussés par la majorité des Coutumes, et que la garde
était réservée exclusivement aux ascendants [1].

Les Coutumes de Paris et d'Orléans défèrent la garde
noble à l'aïeul ou à l'aïeule à défaut des père et mère [2].
Ici nous trouvons une différence entre la garde noble
et la garde bourgeoise lucrative ; celle-ci est restreinte
aux père et mère ; tandis que la garde noble peut
appartenir aux ascendants du second degré [3].

La garde noble ou bourgeoise ne se défère qu'une
fois : c'est-à-dire que le survivant des père et mère,
devenu gardien, venant à mourir, la garde ne passe
pas à l'aïeul ; de même, si elle a été déférée à l'aïeul,
à son décès elle ne peut passer à sa femme [4].

Quelles qualités doit avoir le gardien ?

La première de toutes, c'est la noblesse ou la bourgeoisie ; mais il faut de plus jouir de ses droits civils.
Ainsi ne peuvent être gardiens :

1° *Ceux qui sont morts civilement* , puisqu'ils sont
réputés non existants pour tout ce qui concerne leur
condition civile. En est-il de même de ceux qui sont

---

1. Dumoulin attaque vivement la garde accordée aux collatéraux :
*Nihil enim est aliud quam depredatio pupillorum et orphanorum, quos
lex divina et naturalis et omnis lex humana recte posita jubet ab omni
injuria protegi.* (Ancienne Cout. de Paris, art. 2.)

2. Cout. de Paris, art. 265 ; Cout. d'Orléans, art. 13. Signalons
une différence entre ces deux Coutumes : celle de Paris appelle les
aïeuls ou aïeules des mineurs, sans distinguer s'ils sont ou non du côté
du conjoint prédécédé ; celle d'Orléans n'appelle que l'aïeul qui se trouve
du côté du prédécédé.

3. Cout. de Paris, art. 266.

4. Pothier, Traité de la Garde Noble, section 1, § 1.

frappés d'infamie par suite de condamnations judi-
ciaires ? Pothier dit non ; car l'infamie ne les prive
pas du droit de puissance paternelle, ni des droits de
succession ; elle ne saurait donc leur enlever la garde
qui est un droit de même nature.

2° *Les interdits* : car ceux qui sont incapables de se
gouverner eux-mêmes ne peuvent être réputés capa-
bles de gouverner les autres. Il n'en est pas de même
pour ceux qui sont pourvus d'un conseil judiciaire, et
qui ne sont incapables que pour des actes d'aliénation.

Le survivant des père et mère encore mineur, peut
avoir la garde (soit noble, soit bourgeoise) de ses enfants. Émancipé par le mariage, le survivant des époux
est réputé capable d'administrer ses propres biens, et
rien ne s'oppose à ce que la garde de ses enfants lui
soit confiée. Néanmoins la Coutume du Maine contient
une disposition contraire : « Nul mineur n'a bail
d'autre mineur » ; mais cette coutume doit être restreinte à son territoire [1]. Quant aux collatéraux, les
Coutumes qui les admettent exigent qu'ils soient majeurs de vingt-cinq ans.

Nul n'est gardien malgré lui, et celui qui veut se
soustraire à la garde le peut toujours par une renonciation. Ici encore nous trouvons un principe diffé-
rent dans la Coutume de Paris et dans celle d'Orléans.

A Paris, la garde noble et bourgeoise doit être
acceptée en jugement [2] ; et le gardien n'est investi
d'aucun droit jusqu'au jour de son acceptation.

1. Cout. du Maine, art. 3.
2. Cout. de Paris, art. 269. Ces termes, *en jugement*, signifient : en
présence du juge.

La Coutume d'Orléans défère la garde de plein droit; le survivant en est en quelque sorte saisi, et s'il veut y échapper, il doit la répudier par une déclaration au greffe[1].

Le survivant des père et mère pourrait-il conserver la garde de quelques-unes de ses enfants et renoncer à celle des autres? Aucun principe de droit ne s'y oppose, car il y a autant de gardes différentes qu'il y a d'enfants; mais Auzanet et Lemaitre font remarquer qu'une telle façon d'agir est contraire à la bienséance et ne peut avoir lieu que dans un but d'avarie et d'injuste préférence. Pothier et Ferrière pensent que l'on pourrait renoncer à la garde par contrat de mariage, car la jurisprudence a rendu ce contrat susceptible de toutes conventions. Mais l'époux prédécédé ne pourrait, par son testament, priver le survivant de la garde de ses enfants. Nous verrons s'il faut en dire autant de l'usufruit légal.

- En cas de diversité de Coutumes, c'est à la Coutume du domicile des mineurs à déterminer qu'elles personnes peuvent réclamer sur eux la garde, et cela sans aucun égard pour la Coutume qui régit leur biens ou pour celle en vigueur au domicile du gardien[2].

La garde se défère à la mort du père ou de la mère des enfants. Il n'y a que cet événement qui puisse donner lieu au droit de garde: aussi la mort d'un autre ascendant ou d'un collatéral qui assure à des enfants mineurs tout ou partie de leur succession,

1. Cout. d'Orléans, art. 23.
2. Denizart, vol. 9, Garde noble, § 3.

ne les fait point tomber en garde. Il faut en dire autant et à plus forte raison, du cas où les enfants acquièrent des biens en qualité de donataires.

SECTION II.

DROITS DU GARDIEN.

Les droits du gardien consistaient principalement
dans un droit de jouissance, une espèce d'usufruit. Ce
principe a toujours été appliqué à l'égard des immeubles ; mais, en ce qui concerne les droits du gardien
sur les meubles, les Coutumes étaient fort diverses.
Suivant quelques-unes le gardien avait non-seulement
la jouissance des immeubles, mais encore la propriété
des meubles. De ce nombre est la Coutume d'Orléans :
« les gardiens nobles prennent les meubles de leurs
enfants jusqu'à ce qu'ils soient en aage de porter la
foy [1]. Ce droit de propriété sur les meubles était encore accordé par les Coutumes de Clermont en Beauvoisis [2] et de Sens [3]. La Coutume de Paris qui formait
le droit commun ne donnait pas au gardien la propriété des meubles, elle lui attribue seulement la
jouissance des immeubles et l'administration des
meubles [4]. La Coutume de Montarges [5] dit que les
gardiens prennent les meubles, sauf « ceux qui sont

1. Cout. d'Orléans, art. 25.
2. Cout. de Clermont en Beauvoisis, art. 170.
3. Cout. de Sens, art. 156.
4. Cout. de Paris, art. 267.
5. Cout. de Montargis, art. 5.

pour la fortification des maisons et ceux qui y sont pour perpétuelle demeure ».

Il y avait enfin des Coutumes qui ne donnaient aucun droit sur les meubles, pas même la simple administration. Aussi la Coutume d'Amiens [1] décide que les meubles ne tombent point en bail; ils doivent être régis par les tuteurs et curateurs nommés par la justice.

Malgré les dispositions diverses des Coutumes au sujet du droit que le gardien peut avoir sur les biens des mineurs, il ne peut s'élever de difficultés sur la Coutume qui sera applicable parce que les meubles étant situés dans la Coutume du domicile, c'est à cette Coutume unique à régler si le gardien n'aura aucune part dans les meubles, s'il en aura la jouissance, ou enfin s'il en aura la propriété.

Il y avait controverse touchant la question de savoir sur quels biens portait le droit du gardien. Etait-ce seulement sur ceux que le mineur avait recueillis dans la succession du prémourant de ses père et mère, ou bien sur tous ceux qui lui étaient advenus à quelque époque que ce fût, même pendant la durée de la garde ?

Le silence de quelques Coutumes sur cette matière, l'obscurité des autres [2] rendaient plus difficile la solution de la question. Quelques Coutumes seulement s'en expliquent formellement et encore donnent-elles des solutions opposées [3]. Quelle règle suivre, alors, dans

1. Cout. d'Amiens, art. 132 et 133.
2. Cout. de Blois, art. 5. Cout. de Paris, art. 267.
3. Les Coutumes de Loudun et de Tours restreignent le droit du gardien aux biens recueillis dans la succession du prémourant des

les Coutumes muettes, par exemple dans celle de Paris? Charondas [1] et Renusson [2] restreignent le droit du gardien aux biens recueillis par le mineur dans la succession du prémourant de ses père et mère dont le décès avait donné lieu à la garde; cette doctrine avait été adoptée par la jurisprudence et a été plus tard celle de Pothier [3].

Toutefois l'opinion contraire qui comprend dans la garde tous les biens du mineur, même ceux qu'il a acquis depuis l'ouverture de la garde, est tout à fait conforme à l'ancien droit où elle est exposée par Beaumanoir [4] et Bouteiller [5]; elle est du reste adoptée par Dumoulin [6], Bacquet [7], Chopin [8] et Laurière [9].

Le gardien a l'administration de tous les biens dont il a jouissance : ainsi, dans la Coutume de Paris, où il n'a pas la propriété des meubles, il en a l'administration [10].

père et mère; celles d'Anjou, du Maine, de Péronne, l'étendent à tous les autres biens du mineur.

1. Charondas, Comment. sur la Cout. de Paris, art. 267.
2. Renusson, Traité de la garde noble et bourgeoise, chap. 6, n⁰ 9.
3. Pothier, Traité de la garde noble et bourgeoise, n⁰⁸ 8 et 9.
4. Beaumanoir, Cout. de Beauvoisis, chap. 15, n⁰ 15.
5. Bouteiller, Somme rurale, chap. 93.
6. Dumoulin, Anc. cout. de Paris, art. 32.
7. Bacquet, Traité du droit français, fiefs, chap. 10, n⁰ 16.
8. Chopin, Cout. de Paris, livre 2, n⁰ 6.
9. Laurière, Bibliothèque des cout. de France.
10. Cout. de Paris, art. 267. Remarquons, que dans la coutume de Paris, la tutelle et la garde sont deux choses distinctes : le gardien peut n'être pas tuteur ; dans la Coutume d'Orléans, au contraire, le gardien noble est nécessairement tuteur. (Cout. de Paris, art. 270, 271.)

SECTION III.

OBLIGATIONS DU GARDIEN.

Les principales obligations du gardien étaient les suivantes :

1º Faire inventaire ;

2º Donner caution ;

3º Conserver et entretenir en bon état les biens sujets à la garde ;

4º Acquitter les dettes.

Inventaire. La confection d'un inventaire était le meilleur moyen de garantir aux enfants mineurs la restitution du mobilier à la cessation de la garde. Cette obligation n'était exigée d'une manière expresse que dans les Coutumes qui refusaient au gardien la propriété des meubles, par exemple à Paris art. 269, dans les Coutumes du Maine art. 98 ; de Clermont en Beauvoisis art. 174 ; de Tours art. 341 et 343 ; du Grand Perche art. 171 ; de Péronne art. 222 et 224 ; du Berry, titre premier art. 28 ; de Sens art. 156 ; dans les autres, aucun inventaire n'est prescrit. Ainsi la Coutume d'Orléans, une de celles qui donnent au gardien la propriété des meubles, reste muette sur la question de l'inventaire. Mais Pothier nous apprend qu'il fut plusieurs fois jugé que les parents du mineur pouvaient attaquer en justice le gardien pour l'obliger à remplir ce devoir [1].

---

1. Cout. d'Orléans, Introd. au titre des Fiefs, nº 338.

Le défaut d'inventaire ne priverait pas le gardien de son émolument : aucun texte ne le décide ainsi ; et on ne doit pas établir des peines que la loi n'a pas prononcées. Dumoulin partage cette opinion : *hoc omisso*, dit-il, *non desinit facere fructus suos, quia inventarium nihil habet commune cum fructibus* [1]. Mais il était admis, nous l'avons déjà dit, que les parents du mineur pourraient poursuivre en justice le gardien qui avait négligé de faire inventaire pour le contraindre à remplir ce devoir ; sinon à se voir déchu de son droit.

D'après l'ordonnance de 1667, le délai fixé pour faire inventaire était de trois mois.

Caution. Plusieurs Coutumes [2] obligeaient le gardien noble aussi bien que le gardien bourgeois à donner caution. Cette obligation n'est imposée qu'au gardien bourgeois par la Coutume de Paris [3] ; le gardien noble en est dispensé à Paris comme à Orléans, sauf toutefois la gardienne noble convolant à un second mariage ; la Coutume d'Orléans l'oblige, ainsi que son nouveau mari, à fournir caution [4].

Éducation et entretien des mineurs. Cette obligation était indiquée dans la plupart des Coutumes : « Le gardien est tenu leur bailler état convenable en chevaux, habillemens, et autres, choses ainsi que leur état

1. Dumoulin, Cout. de Bourbonnais, art. 174.
2. Cout. de Mantes, art. 181. Cout. de Montfort, art. 118. Cout. de Péronne, art. 229.
3. Cout. de Paris, art. 269.
4. Pothier, Garde noble et bourgeoise, n° 80 *in fine*.

le requiert [1]. » — « Le gardien sera tenu de nourrir, alimenter et entretenir les mineurs ou faire instruire selon leur qualité et état [2]. » — « Si les mineurs sont mâles, le gardien doit les faire monter de chevaux ; si ce sont des filles, les vêtir selon leur état et condition [3]. »

La justice appliquait ces dispositions dans les pays où les Coutumes n'en faisaient point mention. Si le gardien négligeait ce devoir, le juge pouvait l'y contraindre par la saisie des revenus, et même au besoin par la perte de la garde. Les contestations survenant à ce sujet étaient réglées par le juge, *boni viri arbitratu*, ou selon la décision de ceux des parents les mieux à même de connaître la fortune du mineur [4].

Entretien des biens. — Le droit d'usufruit du gardien avait pour obligation corrélative la charge des réparations viagères, ainsi définies par la Coutume de Paris : « toutes réparations d'entretenement, hors les quatre gros murs, poutres et entières couvertures ».

Le gardien est tenu de rendre les héritages à la fin de la garde dans le même état qu'ils étaient au temps où elle a été déférée : c'est pourquoi au commencement de la garde si les biens n'étaient pas en bon état, le gardien devait les faire vérifier par experts, afin de se garantir des réclamations éventuelles du mineur

1. Cout. de Meaux, art. 149.
2. Cout. de Clermont, art. 170.
3. Cout. de Blois.
4. Pothier, Garde noble et bourgeoise, n° 61. Renusson, Garde noble et bourgeoise, chap. 7, n° 73.
5. Cout. de Paris, art. 262.

après la garde. Plusieurs Coutumes font de cette obligation le sujet d'une disposition expresse [1].

Plusieurs Coutumes disposent expressément que
quand le gardien est mauvais administrateur, il doit
être privé de la garde [2]. Cette règle devint à la longue
le droit commun. Quant aux frais des procès relatifs à
ces biens, Pothier les met à la charge du gardien ; mais
Duplessis et Bourjon ne lui font supporter entièrement
que les frais des procès relatifs à la jouissance ; ceux
des procès concernant la propriété tombent à la charge
définitive du mineur ; le gardien n'est tenu que d'en
faire l'avance [3].

Acquittement des dettes. — Le gardien doit d'abord acquitter toutes les charges réelles qui grèvent les héritages tombés en garde et dont par suite il a la jouissance [4], c'est une charge naturelle de la jouissance. Là
encore nous trouvons une grande variété dans les dispositions des Coutumes touchant les dettes dont les
gardiens sont tenus, et cette obligation de payer toutes
les dettes mobilières du mineur était plus ou moins
étendue suivant les diverses Coutumes.

Dans celles qui accordaient au gardien la propriété
des meubles, l'obligation était plus rigoureuse, l'émolument étant plus considérable. Toutes les dettes mobilières de la succession du prédécédé, toutes les dettes
de jouissance étaient à la charge du gardien. Lorsque
le titulaire de cette fonction était le conjoint survivant,

1. Cout. de Meaux, art. 154. Cout. de Beauvoisis, art. 171.
2. Cout. de Melun, art. 297. Cout. de la Marche, art. 75.
3. Nous retrouvons cette doctrine dans l'art. 613 du Code civil.
4. Pothier, Traité de la Garde noble, n° 815.

sa créance pour ses reprises et le remploi de ses propres, étant considérée comme immobilière, n'était point éteinte par confusion et subsistait contre les enfants.

Dans les Coutumes qui ne donnaient, au contraire, au gardien noble que l'administration des meubles, l'obligation était moins étendue : « le gardien noble ou bourgeois est tenu de payer les dettes et arrérages de rentes que doivent les mineurs, les nourrir et entretenir selon leur qualité, entretenir les héritages et payer les charges annuelles dont ils sont grevés [1] ». Le gardien doit également payer les frais funéraires du défunt, car ce sont là de véritables dettes de la succession. Quant au legs d'une somme d'argent qu'aurait fait le *de cujus*, quelques Coutumes le mettent à la charge du gardien ; pour les Coutumes muettes, Pothier ne donne cette décision que dans celles où le gardien devient propriétaire des meubles.

Le gardien est tenu de toutes ces obligations même au delà de son émolument, du moins dans les Coutumes de Paris et d'Orléans : c'est pour lui une espèce de forfait ; si le passif excède l'actif, il se trouve en perte ; si l'actif est supérieur au passif, il gage l'excédant.

1. Cout. de Paris, art. 267.

SECTION IV.

CAUSES D'EXTINCTION DE LA GARDE NOBLE ET BOURGEOISE.

Les causes qui mettent fin à la garde sont assez nombreuses ; on distingue huit modes d'extinction de ce droit. Ce sont les suivants :

1° *L'âge du mineur.* On distinguait trois sortes de majorité : la majorité de vingt-cinq ans, *ætas perfecta* ; la majorité féodale, qui rendait le possesseur de fief capable de porter la foi et l'hommage, et le mettait en demeure de remplir cette obligation ; la majorité roturière qui rendait le propriétaire de biens roturiers capable de les administrer. Les deux dernières variaient suivant les Coutumes. Quant à la garde noble, suivant la Coutume de Paris, l'époque de la majorité était fixée à vingt ans pour les garçons et à quinze ans pour les filles [1]. D'après la Coutume de Sens, la garde noble cessait à dix-huit ans pour les fils et à quatorze ans pour les filles [2].

La garde bourgeoise finissait plus tôt : ainsi à Paris la limite d'âge était quatorze ans pour les garçons et douze ans pour les filles [3].

Les filles restent donc en garde moins longtemps que les hommes ; comme elles peuvent se marier plus tôt que ces derniers, on veut éviter que le gardien, privé de

1. Cout. de Paris, art. 268.
2. Cout. de Sens, art. 158.
3. Cout. de Paris, art. 268.

son droit par le mariage, ne refuse son consentement
à un établissement avantageux.

La garde instituée par la Coutume d'Orléans, appelée garde comptable et qui n'était qu'une tutelle, finissait, comme la tutelle, lorsque le mineur avait atteint
l'âge de vingt-cinq ans [1] ; cet âge de vingt-cinq ans
était d'ailleurs, nous l'avons dit, l'âge indiqué par la
majorité des Coutumes.

2° *Le mariage du mineur.* Cette cause n'avait
d'effet que dans les pays dont les Coutumes admettaient l'émancipation par le mariage [2] ; toutefois s'il
s'agissait d'une fille, son mariage dans tous les cas
mettait fin à la garde. C'était la règle du droit féodal,
et plusieurs Coutumes l'avaient consacrée d'une manière expresse.

3° *L'émancipation du mineur.* — Cette émancipation
se faisait par lettres du prince entérinées par le juge,
du consentement du gardien.

4° *La destitution du gardien.* Le juge pouvait exclure
le gardien, pour cause de démence ou de prodigalité.

5° *La mort naturelle ou civile du mineur.* Lorsque, par
exemple, le mineur prononce des vœux monastiques,
ou s'il est condamné à une peine capitale.

6° *La mort naturelle ou civile du gardien.* Elle faisait
cesser la garde, car la garde ne se déférait pas deux
fois.

7° *Le second mariage du gardien.* La Coutume de Paris
dans l'article 268 signale cette cause d'une manière

1. Cout. d'Orléans, art. 24.
2. Cout. du Grand-Perche, art. 172. Cout. de Mantes, art. 481.

expresse. Plusieurs Coutumes , entre autres celles de Châteauneuf, art. 236 ; de Melun, art. 186 ; de Tours, art. 139, n'imposaient cette déchéance qu'à la gardienne [1].

8° *La perte de la noblesse.* Cette cause est spéciale à la garde noble.

Tel était le droit de la France, lorsque éclata la révolution de 1789. La ruine du système féodal décrétée le 4 août 1789 entraîna avec elle la chute de l'ancienne garde noble, seigneuriale ou royale qui fut abolie expressément par l'article 12 de la loi des 15-23 novembre 1790. Quant à l'usufruit des biens adventices qui, suivant la tradition romaine, s'était maintenu dans les pays de droit écrit, la loi du 28 août 1792 ayant aboli la puissance paternelle sur les majeurs, cet usufruit, conséquence immédiate de la puissance paternelle, dut désormais cesser à la majorité de l'enfant.

Nous avons terminé l'étude des origines de notre usufruit légal, et à chaque pas nous avons constaté les emprunts qu'ont faits au droit coutumier les rédacteurs du Code civil. Nous pouvons donc considérer la plupart des règles de la garde noble et bourgeoise comme étant devenues celles de l'usufruit légal, et c'est dans les Coutumes que nous devrons chercher la solution des nombreuses difficultés que nous rencontrerons sur les différentes parties de notre matière.

---

1. La Coutume d'Orléans (art. 25) et celle d'Artois (art. 157) n'admettaient dans aucun cas cette cause d'extinction.

DEUXIÈME PARTIE

DE L'USUFRUIT LÉGAL.

INTRODUCTION.

Les rédacteurs du Code civil, en organisant la puissance paternelle, surent la débarrasser de ce qu'elle avait d'exagéré chez les Romains, tout en lui laissant, néanmoins, une force qu'elle n'avait plus dans notre ancien droit coutumier [1]. Ils comprirent fort bien que la puissance paternelle devait être un pouvoir de défense et de protection; et en même temps qu'ils sanctionnèrent ce pouvoir par le droit de correction (art. 375 et suiv.), ils y rattachèrent des devoirs nombreux et des obligations de tout genre. Ces devoirs, ces obligations, demandaient en retour quelque récompense; et on accorda alors aux père et mère la jouissance des biens appartenant à leurs enfants mineurs.

Nous définirons l'usufruit légal : le droit pour les père et mère de jouir des biens de leurs enfants jusqu'à ce que ces derniers aient atteint l'âge de dix-huit ans, ou jusqu'à leur émancipation.

1. Locré, Tome 7. Exposé des motifs, par M. Réal.

Accorder aux père et mère une juste indemnité des soins et des sacrifices que leur impose l'éducation de leurs enfants, et aussi, d'autre part, prévenir les contestations qui, le plus souvent, naîtraient d'un compte trop rigoureux des revenus: telles sont les deux idées dont s'est inspiré le législateur, lorsqu'il a accordé aux père et mère le droit de jouissance légale.

Notre Code civil s'est montré d'une très-grande discrétion en ce qui concerne l'usufruit légal; quelques articles seulement sont consacrés à un sujet qui avait été pour nos auteurs coutumiers l'objet de recherches approfondies. Cette excessive sobriété de dispositions législatives a fait naître dans la doctrine et la jurisprudence bien des controverses, pour la solution desquelles nous ferons souvent appel aux traditions coutumières. C'est là, indépendamment de l'intérêt historique, la raison qui nous a fait traiter avec quelques détails des différentes transformations du droit de garde.

En étudiant les origines de l'usufruit légal, nous avons reconnu (sans parler du *mundium* des Germains) qu'il avait une double origine : l'une dans le droit romain, l'autre dans le droit coutumier; nous avons remarqué toutefois que si le législateur de 1804 s'est inspiré de la première législation, il a fait à la seconde des emprunts beaucoup plus considérables.

Comme le pécule adventice des Romains, notre usufruit légal est certainement un attribut de la puissance paternelle; cela résulte des travaux préparatoires [1], de

1. Locré, Tome 7. Exposé des Motifs, par M. Réal.

l'esprit du Code, du texte même de l'art. 384. Mais, si,
le caractère de l'usufruit légal est à peu près le même
que celui du pécule adventice, s'ils sont fondés tous
les deux sur le même principe, il n'en est pas moins
vrai que les deux institutions diffèrent profondément.
L'usufruit légal, nous venons de le dire, offre, au contraire, une très-grande analogie avec le droit de garde ;
ainsi, de même que la garde, l'usufruit légal appartient
au père ou à la mère ; comme elle, il cesse à la majorité ou à l'émancipation, etc... C'est surtout à l'égard
des charges de cet usufruit légal, que l'analogie avec
la garde est plus frappante encore, et l'art. 385 du Code
civil n'est que le reflet de l'art. 267 de la Coutume de
Paris [1].

Demandons-nous tout d'abord quelle est la nature
de cet usufruit légal que nous nous proposons d'étudier. Dans les art. 384, 385 et suivants, les rédacteurs
de notre Code civil paraissent avoir évité avec soin de
désigner sous la dénomination d'*usufruit* le droit qu'ils
établissent au profit des père et mère ; devons-nous
en conclure que ce droit n'est pas un usufruit? Non
certainement, et cette solution ressort, en toute évi-
dence, des art. 601 et 730, qui qualifient expressément
ce droit d'*usufruit légal*. Comme tel, le droit de jouissance légale des père et mère est donc soumis aux
règles générales de l'usufruit, et c'est ce que disent

---

1. Nous avons déjà rencontré, dans le cours de notre travail, des
différences profondes entre notre usufruit légal et celui du pécule
adventice. Nous avons pu également remarquer qu'à certains points
de vue, l'usufruit légal diffère de la garde ; nous ne reviendrons donc
pas sur ce point.

implicitement les art. 385 et 601 : l'un, en mettant
au premier rang des charges de cette jouissance légale
celles auxquelles sont tenus les usufruitiers ; l'autre,
en dispensant les père et mère de l'obligation de donner
caution. Mais le droit de jouissance légale, attribut de
la puissance paternelle, n'en est pas moins un usufruit
sui generis qui se distingue de l'usufruit ordinaire par
certains caractères qui tiennent au fond même du droit.
Ainsi, les conditions d'existence, les charges, les modes
d'extinction, ne sont pas les mêmes dans l'un ou l'autre cas. Il suffit, ici, de mentionner ces différences sur
lesquelles nous aurons l'occasion de revenir.

Ces préliminaires posés, entrons dans l'étude même
de l'usufruit légal. Nous examinerons successivement :

1° A qui appartient l'usufruit légal.

2° Quels biens il comprend.

3° Quels droits il confère.

4° Quelles obligations il impose.

5° Comment il prend fin.

CHAPITRE PREMIER.

A QUI APPARTIENT L'USUFRUIT LÉGAL.

Le père, *durant le mariage*, et, après la *dissolution du
mariage*, le survivant des père et mère auront la jouissance des biens de leurs enfants, jusqu'à l'âge de dix-
huit ans accomplis, ou jusqu'à l'émancipation qui
pourrait avoir lieu avant l'âge de dix-huit ans (art. 384).

Il résulte de ce texte que l'usufruit légal est une prérogative de la puissance paternelle et qu'il ne peut jamais appartenir aux collatéraux, ni aux descendants autres que les père et mère.

Le Code accorde aux père et mère la jouissance des biens de leurs enfants jusqu'à ce que ces derniers aient atteint l'âge de dix-huit ans ou jusqu'à leur émancipation. Il semble que l'usufruit légal attaché à la puissance paternelle aurait dû se continuer jusqu'à l'extinction de cette puissance, c'est-à-dire jusqu'à l'émancipation ou la majorité. Le législateur a craint, sans doute, que la cupidité des parents ne devînt quelquefois un obstacle au mariage ou à l'établissement de leurs enfants, et c'est pour éviter ce triste résultat qu'il fait cesser l'usufruit lorsque l'enfant atteint l'âge de dix-huit ans [1].

Remarquons aussi que l'usufruit légal est attribué à la mère lorsque le père est mort, et que le Code, par cette équitable disposition, *répare ainsi l'injustice de plusieurs siècles* [2].

Mais faut-il prendre à la lettre le texte de l'art. 384 et n'accorder l'usufruit qu'à la mère *survivante* ? Faut-il dire, au contraire, que dans les cas exceptionnels où la mère exerce la puissance paternelle du vivant du père, elle ait aussi l'usufruit légal ? Distinguons deux hypothèses différentes : ou bien le père n'a plus l'exercice de la puissance paternelle, soit parce qu'il est dans l'impossibilité physique d'en remplir les conditions, soit parce qu'il est présumé absent ou inter-

---

1. Marcadé, Tome 2, page 161.
2. Locré, Tome 7. Exposé des motifs, par M. Réal.

dit ; ou bien, il en est déchu par application des art. 334 et 335 du Code pénal.

Supposons, en premier lieu, que le père n'est pas déchu de ses droits sur les biens et sur la personne de ses enfants, mais qu'il se trouve seulement dans l'impossibilité de les exercer parce qu'il est interdit ou présumé absent [1]. Dans les cas que nous prévoyons, la mère, même du vivant de son mari, exerce provisoirement la puissance paternelle pendant toute la durée de l'interdiction ou jusqu'à la déclaration d'absence (art. 141). Mais aura-t-elle l'usufruit légal ? Nous admettons sans hésiter la négative. L'art. 384, en effet, nous semble formel ; pour que la jouissance lui soit accordée, il faut que la mère soit *survivante* ; elle n'y a donc aucun droit pendant la vie du père. L'affirmative [2] soutient, au contraire, qu'il ne faut pas s'en tenir judaïquement au texte de l'art. 384, puisqu'on ne prend pas à la lettre les art. 373 et 389 qui sont tout aussi formels. Ainsi l'art. 373 dit : *Le père exerce seul cette autorité durant le mariage*; tout le monde admet cependant qu'en cas d'absence ou d'interdiction, c'est-à-dire même *durant le mariage*, la mère exerce l'autorité que le texte réserve exclusivement au père. De même l'article 389 dit : *Le père, pendant le mariage, est administrateur des biens personnels de ses enfants mi-*

1. S'il y avait déclaration d'absence, la question ne se poserait pas, et l'art. 384 s'appliquerait en vertu de la règle d'après laquelle on fait provisoirement, lorsque l'absence est déclarée, tout ce qu'on ferait définitivement si l'absent était mort.

2. Marcadé, Tome 2, pag. 161. Massé et Vergé sur Zachariæ, Tome 1, § 189.

neurs ; ici encore, tout le mode reconnaît qu'en cas
d'absence ou d'interdiction du père, c'est la mère qui
administre. Il y a donc contradiction à s'en tenir dans
un cas au texte de la loi, et à l'interpréter extensive-
ment dans un autre. De plus, ajoutent les partisans
de l'affirmative, l'usufruit légal est la récompense des
peines et des soins qu'imposent au père ou à la mère
l'éducation de l'enfant et l'administration de ses biens ;
or, quand c'est la mère, par exception à la règle générale des art. 373 et 389, qui prend ces soins et ces
peines, elle doit aussi, par exception à la règle générale de l'art. 384, avoir droit à l'usufruit légal : *Ubi*
onus, ibi et emolumentum esse debet.

Ces arguments sont pressants ; nous ne croyons pas
cependant qu'ils doivent triompher. Nous répondrons
d'abord qu'il y a une certaine différence de rédaction
entre les art. 373 et 389 d'une part et l'art. 384 de
l'autre. Les termes de l'art. 384 sont bien plus éner-
giques ; car non-seulement il porte comme les deux
autres ces mots : *pendant le mariage,* mais on y trouve
encore ceux-ci, qui sont absents, au contraire, dans
les deux autres : *et, après la dissolution du mariage, le*
survivant des père et mère. Mais même, ne tenant pas
compte de cette différence de rédaction, nous n'en
soutiendrons pas moins la négative. L'art. 373, en
effet, ne règle que l'exercice d'un droit que les dispositions précédentes (art. 371 et 372) attribuent collec-
tivement au père et à la mère ; l'art. 384, au contraire, confère *le droit même d'usufruit au père pendant*
le mariage, et, après la dissolution du mariage, au survi-
vant des père et mère. Il est donc facile de concevoir

qu'on interprète largement l'art. 373 qui, rapproché
de l'art. 372, se prête à l'extension qu'on lui fait subir.
D'ailleurs, l'art. 141 lui-même vient lever tous les
doutes, en faisant l'application de cette théorie exten-
sive au cas où le père est présumé absent. Mais nulle
part nous ne trouvons un texte qui viennent déroger
à l'art. 384; nous devons donc l'appliquer tel qu'il
est écrit dans le Code. L'art. 141 confie bien à la mère
l'éducation des enfants et l'administration de leurs
biens; mais il ne parle pas de l'usufruit légal; nous
ne pouvons donc, sous peine de tomber dans l'arbitraire, étendre cet article au delà de ses termes.
D'ailleurs, pourquoi le père ne continuerait-il pas à
jouir des biens de son enfant ? S'il est interdit, nous
trouvons aux revenus de ces biens une destination
toute naturelle indiquée par l'art. 510 : ils serviront
pour *adoucir son sort et accélérer sa guérison.* S'il est
absent, ces revenus continuent à tomber dans la
communauté, et dans le cas d'un autre régime, rien
de plus facile que de les capitaliser et d'en faire emploi
jusqu'à la déclaration d'absence.

Mais, nous dit-on, la mère qui supporte les charges
n'aura donc aucun émolument ? Nous répondrons que
le Code, il est vrai, attache ordinairement un dédom-
magement aux charges qu'occasionne la puissance
paternelle, mais qu'il n'est pas obligé de le faire :
c'est là un droit tout exceptionnel qu'il faut renfer-
mer dans les limites tracées par la loi; or elle ne
l'accorde expressément à la mère qu'après la dissolution du mariage. L'émolument n'accompagne pas
toujours le devoir ; nous verrons, en effet, plus tard

qu'à partir de dix-huit ans la récompense est supprimée, bien que les charges continuent d'exister. Ajoutons qu'il est peu exact de prétendre que la femme n'aura aucun avantage pécuniaire et que sa gestion sera entièrement gratuite. Il faut voir les choses telles qu'elles se passent le plus ordinairement ; le régime de communauté étant de droit commun, la femme profitera en général de l'usufruit légal , puisque tous les fruits et revenus tomberont dans la communauté (art. 1401).

Notre seconde hypothèse prévoit le cas où le père est déchu non-seulement de l'exercice, mais encore du droit même de puissance paternelle par application des articles 334 et 335 du Code pénal. Accorderons-nous à la mère l'usufruit légal ? Ici la question devient beaucoup plus délicate, car ce n'est plus en fait, mais en droit, que le père a perdu la puissance paternelle. C'est une déchéance qui lui est infligée à titre de peine, et il est certain que la jouissance légale ne peut pas lui être accordée, tandis que rien ne s'y opposait dans l'hypothèse précédente. Cependant nous nous prononcerons encore en faveur de la négative, et nous dirons que la perte de l'usufruit légal encourue par le père profitera à l'enfant, sous la réserve, bien entendu, du droit éventuel de la mère en cas de survie. Nous invoquerons comme précédemment, en faveur de notre opinion, le texte formel de l'article 384 et nous ajouterons que le texte de l'article 335 du Code pénal n'aurait aucune portée si l'usufruit, dont il prononce la déchéance contre le père, passait à la mère. En effet, dans le cas

de communauté légale ou conventionnelle, rien ne
serait changé ; tous les fruits dont le père serait
privé comme *père*, il en profiterait comme *mari*, c'est-
à-dire en sa qualité de chef de la communauté. Un
pareil résultat se produirait même sous les autres
régimes ; le père n'y serait pas non plus atteint, car
les revenus des époux sont presque toujours dépensés
en commun, et c'est le mari très-souvent qui administre les biens et perçoit les revenus personnels de
la femme. Or on ne peut supposer que la loi, qui
dans l'article 335 du Code pénal inflige une peine, ait
voulu prononcer une déchéance qui resterait presque
toujours sans aucun effet. On prétend, il est vrai
que la pénalité édictée par l'article 335 du Code
pénal, est plutôt morale que pécuniaire, que la loi a
voulu dépouiller le père des attributs honorifiques de
la puissance paternelle, sans se préoccuper des conséquences pécuniaires qu'entraînera cette dégradation. Le texte seul de l'article 335 répond victorieu-
sement à cette objection : « Si le délit a été commis
par le père ou par la mère, le coupable sera de plus
privé des droits *et avantages* à lui accordés sur la
personne et *les biens* de l'enfant par le Code civil
liv. 2, tit. 9.. »

On reproche enfin à notre opinion de frapper une
mère innocente pour atteindre un père coupable. Il est
facile de nous défendre en invoquant l'art. 730 du Code
civil : dans le cas d'indignité qu'il prévoit, le père,
privé de la jouissance légale, est seul coupable, et ce-

1. Mourlon, Tome 1, n° 1057.

pendant le droit de la mère ne s'ouvrira qu'à la dissolution du mariage. Elle supporte donc, bien qu'innocente, la solidarité de la faute du père, et le législateur n'hésite pas, pour assurer l'efficacité de la peine
à consacrer un semblable résultat [1].

La doctrine et la jurisprudence sont à peu près
unanimes pour décider que les père et mère naturels
n'ont pas l'usufruit des biens de leurs enfants, même
reconnus par eux. C'est un droit réservé à la paternité
légitime, et qui ne peut exister que s'il y a mariage
entre les parents. Il appartient au père *durant le mariage*, dit l'art. 384, et, *après la dissolution du mariage*,
au survivant des père et mère; donc s'il n'y a pas de
mariage, il ne peut être question d'usufruit légal. Quelques auteurs [2] cependant, voyant dans ce droit une
émanation de la puissance paternelle, l'accordent aux
parents naturels, en vertu de l'art. 383 qui leur attribue les principaux effets de cette puissance. Les obligations du père naturel, disent-ils, sont les mêmes
que celles du père légitime; comme lui; il doit élever,
entretenir et nourrir ses enfants; pourquoi la même
jouissance légale ne lui serait-elle pas accordée ?

Une pareille doctrine nous semble inadmissible, et
cela pour plusieurs raisons. D'abord elle viole ouver-
tement l'art. 384. Non-seulement la loi n'attribue nullement au père naturel le droit dont nous parlons,

1. Demolombe, Tome 6, pag. 358. Dalloz, Rép. Puiss. pat., n° 91.
Proudhon et Valette, Tome 2, pag. 262. *Contra* Marcadé, Tome 2,
sur l'art. 384. Mourlon, Tome 1, n° 1057.

2. Loiseau, Enf. nat., pag. 550. — Favard de Langlade, Rép. Enf.
nat. — Salviat, Usufruit, Tome 2, n° 110.

mais il existe un texte qui le lui refuse expressément.
De plus, la modification apportée au projet de l'art. 383
montre bien l'intention du législateur de refuser l'usufruit légal aux père et mère naturels. Le projet disait :
Les articles du présent titre seront communs aux père
et mère des enfants légalement reconnus [1]. Cette rédaction fut remplacée par celle qui forme aujourd'hui
l'art. 383; or ce texte limite les règles communes,
dont il était question dans le projet, à certains articles
déterminés parmi lesquels ne figure pas notre art.
384; cette omission a été faite avec l'intention bien
évidente de ne pas accorder l'usufruit légal aux père
et mère naturels. Les rédacteurs du Code ont fait
preuve d'une très-grande sagesse en agissant ainsi :
ils ont pensé avec raison qu'accorder ce privilége aux
parents naturels serait encourager le concubinage
et provoquer des reconnaissances frauduleuses. Remarquons toutefois que, si l'enfant vient à être légitimé
par mariage subséquent, l'usufruit s'ouvrira alors au
profit du père, mais seulement à partir du mariage et
sans effet rétroactif (art. 333).

L'usufruit légal, qu'il appartienne d'ailleurs au père
ou à la mère, leur est attribué de plein droit, et rien
dans les textes ni dans les principes n'indique que
l'ouverture ou l'exercice en soit subordonné à une
acceptation entourée de formes spéciales. Il est vrai
qu'autrefois certaines Coutumes exigeaient du gardien
une acceptation formelle, tandis que d'autres déféraient la garde *ipso jure* [2]. Mais dans les Coutumes qui

1. Locré, Tome 7, pag. 11.
2. Nouveau-Denizart, Tome 9.

exigeaient une acceptation expresse, ou n'était même
pas d'accord sur les formalités à suivre, et le silence
du Code sur ce point fait présumer avec raison, selon
nous, qu'il a adopté la disposition des Coutumes qui
déféraient la garde de plein droit. Aucun texte, en
effet, ne soumet l'acceptation de l'usufruit légal à une
formalité quelconque, et rien ne nous autorise à su-
bordonner l'ouverture de son droit à une condition
qui n'est pas écrite dans nos lois; c'est un *usufruit
légal,* c'est donc la loi seule qui doit en opérer la dévolution. Si le père n'est pas forcé d'accepter l'usufruit
pour en être investi, il est toujours libre d'y renoncer :
c'est là un mode d'extinction dont nous parlerons plus
tard. D'après ce que nous venons de dire, l'acceptation
se présume donc, et par suite, à notre avis, la renonciation doit être expresse. M. Duranton [1] enseigne
qu'elle pourrait être faite par une déclaration formelle
devant notaire ou devant un conseil de famille. M. Demolombe [2] conseille en outre de faire cette renonciation
d'une manière en quelque sorte contradictoire avec
les représentants de l'enfant.

Ici se place l'examen d'une controverse que soulève
cette renonciation. Peut-elle avoir lieu avant l'ouverture
de l'usufruit légal ? Ainsi deux époux déclarent dans
leur contrat de mariage qu'ils renoncent à l'usufruit
que la loi leur accorde sur les biens de leurs enfants :
cette renonciation anticipée est-elle valable et pourrait-
elle produire quelque effet ?

1. Duranton, Tome 3, n° 103.
2. Demolombe, Tome 6, n° 372.

Nos anciens auteurs, notamment Pothier[1] enseignaient généralement l'affirmative, et cette doctrine a été reproduite sous l'empire du Code civil, relativement à l'usufruit légal, par M. Zachariæ et ses savants annotateurs MM. Aubry et Rau. Les père et mère, disent-ils, peuvent renoncer à l'usufruit légal lorsqu'il est déjà ouvert; la renonciation est donc un droit pour eux, et pour qu'une renonciation anticipée leur fût défendue, il faudrait qu'elle fût contraire à l'ordre public ou à quelque disposition prohibitive de la loi. Or l'ordre public ne peut être blessé par une clause conçue dans l'intérêt pécuniaire des enfants et qui ne diminue nullement les droits de la puissance paternelle sur leur personne, et de plus aucun texte ne vient et ne pouvait prohiber une clause de cette nature.

Nous ne partageons pas cette opinion, et nous croyons trouver dans l'article 1388 le texte qui défend d'insérer dans le contrat de mariage une pareille renonciation : « Les époux ne peuvent déroger ni aux droits de la puissance maritale sur la personne de la femme et des enfants ou qui appartiennent au mari comme chef, ni aux droits conférés au survivant des époux par le titre de la puissance paternelle....... ». Cet article nous paraît s'opposer énergiquement à la solution que nous attaquons, et cela par les deux clauses prohibitives qu'il renferme. Dans la première, en effet, il défend de déroger aux droits qui appartiennent au mari comme chef; or, c'est comme chef que le mari, que le père a l'usufruit légal, par préférence à la mère, pendant le

[1]. Pothier, Garde noble, sect. 2, § 1.

mariage. Dans la seconde, l'article 1388 est plus formel encore ; il défend de porter atteinte aux droits conférés au survivant des époux par le titre de la puissance paternelle ; or, l'usufruit légal est conféré au survivant des époux par l'article 384, compris dans le titre de la puissance paternelle. La défense contenue dans cette seconde partie ne parait, il est vrai, s'appliquer qu'au *survivant* des père et mère ; mais il n'est pas douteux qu'elle doit être étendue au cas où le père voudrait renoncer à l'usufruit légal qui lui est conféré pendant le mariage. Sans céla, ne serait-il pas vraiment bizarre que les époux aient le droit de renoncer à l'usufruit légal pour toute la durée du mariage, tandis qu'ils ne le pourraient pas pour le temps où il serait dissous ? Si la loi emploie l'expression de *survivant*, c'est, croyons-nous, pour embrasser le père et la mère sous une seule dénomination.

L'interprétation que nous venons de donner de l'article 1388 est d'ailleurs confirmée par les paroles de M. Treilhard lors de la discussion de cet article : « Il ne parle de la puissance paternelle, disait l'orateur, que pour défendre les stipulations qui priveraient le père de son pouvoir sur la personne des ses enfants et de *l'usufruit de leurs biens* [1] ».

Remarquons de plus en quels termes s'exprimait Pothier, dont l'autorité puissante est invoquée par nos adversaires : « On peut bien par contrat de mariage *renoncer à une succession future* : pourquoi les conjoints ne pourraient-ils pas renoncer au droit de garde

1. Locré, Tome 13, pag. 160.

noble[1] ? » Or, aujourd'hui on ne peut plus, même par
contrat de mariage, renoncer à une succession future
(art. 791, 1130, 1309) ; dès lors, la décision de Pothier
se retourne contre ceux qui l'invoquent.

Du reste, si les arguments que nous venons de fournir ne paraissent pas suffisants pour établir la négative, elle résulte forcément de l'article 906 du Code
civil. En vertu de cet article, pour qu'une libéralité
soit valable, il faut qu'elle s'adresse à une personne
déjà conçue. Or, la renonciation à l'usufruit de la part
du père ou de la mère constitue une libéralité au profit des enfants à naître du mariage, enfants non encore conçus ; donc cette renonciation doit être déclarée
nulle.

Une dernière question qui nous reste à examiner
avant de terminer ce chapitre, est celle de savoir si les
étrangers peuvent réclamer l'usufruit légal des immeubles situés en France et appartenant à leurs enfants mineurs de dix-huit ans. Ainsi une Française
épouse un étranger ; puis elle meurt laissant un
enfant à qui est dévolue sa succession : le père aura-
t-il l'usufruit légal sur les biens de cet enfant ?

Si on admet que la disposition de l'article 384 appartient au statut réel, l'étranger pourra l'invoquer. Mais
l'usufruit légal, bien qu'il ait une certaine apparence
de réalité, rentre cependant dans le domaine du statut
personnel, de même que la puissance paternelle dont
il n'est que l'accessoire. Cette solution, du reste, était
déjà suivie dans notre ancienne jurisprudence, et nous

1. Pothier, Garde noble et bourgeoise, sect. 4, § 1.

lisons dans Denizart que « le pouvoir conféré sur les biens par la garde noble étant une suite d'un droit personnel, est par là même un droit personnel[1] ». Il faudra donc consulter la loi étrangère, et le père ou la mère étrangers pourront exercer l'usufruit légal sur les biens que leur enfant possède en France, si ce droit leur est accordé par la loi de leur pays. Nous parlons ici, bien entendu, d'un étranger pur et simple; car s'il avait obtenu par un décret l'autorisation de fixer son domicile en France, la question ne pourrait pas se présenter (art. 13). Nous admettons aussi, comme résolue dans le sens de l'affirmative, la question de savoir si notre usufruit légal est un des droits civils dont jouissent les étrangers en France.

CHAPITRE II.

SUR QUELS BIENS PORTE L'USUFRUIT LÉGAL.

L'usufruit est universel et porte sur tous les biens de l'enfant, de quelque nature qu'ils soient, et à quelque titre qu'ils aient été acquis. Ce principe résulte évidemment du texte de l'article 384 qui accorde au père pendant le mariage, et à la mère à sa dissolution, la jouissance des biens de leurs enfants, et cela sans faire aucune réserve. L'usufruit légal commence dès que les biens sont réellement acquis à l'enfant. Supposons, par exemple, une succession ouverte au profit

---

1. Denizart, Tome 9. V. Gardé noble; § 2, n° 1.

de l'enfant : le père ! n'aura l'usufruit des biens qui, peuvent y être compris, qu'autant que le conseil de famille aura été d'avis de l'accepter [2].

L'usufruit légal, avons-nous dit, est universel ; la règle est donc qu'il comprend, en général, tous les biens de l'enfant, et qu'il n'en faut excepter que ceux que la loi elle-même affranchit ou permet d'affranchir. Ne sont pas soumis à l'usufruit légal :

1° Les biens que l'enfant acquiert par un travail ou une industrie séparés (art. 387);

2° Ceux qui lui sont donnés ou légués sous la condition expresse que les père et mère n'en jouiront pas ;

3° Ceux que l'enfant recueille en venant de son chef à une succession dont son père ou sa mère sont exclus comme indignes.

4° Les biens compris dans un majorat (avis du conseil d'État du 30 janvier 1811).

PREMIÈRE EXCEPTION.

BIENS QUE L'ENFANT ACQUIERT PAR UN TRAVAIL OU UNE INDUSTRIE SÉPARÉS.

La jouissance légale ne s'étendra pas aux biens que les enfants pourront acquérir par un travail et une industrie séparés (art. 387).

1. Pour plus de facilité dans le langage, tout ce que nous dirons désormais du père, en ce qui concerne l'usufruit légal, sera applicable à la mère. Nous aurons soin, toutefois, de signaler les différences qui peuvent exister entre l'un et l'autre relativement à ce droit.

2. Cette acceptation ne peut être faite que sous bénéfice d'inventaire (art. 461, 462). Demolombe, Tome 6, pag. 379.

Nous trouvons le motif de l'exception faite en faveur de l'enfant dans ces paroles du tribun Albisson : « L'encouragement dû au travail et à l'industrie..... exigeait que cette jouissance ne s'étendît pas aux biens que les enfants pourraient acquérir par un travail et une industrie séparés[1] ».

Cette disposition de l'article 387 constitue au profit de l'enfant une sorte de pécule qui rappelle les pécules castreuse et quasi-castrenso. Mais l'exception faite par notre droit est beaucoup plus étendue qu'en droit romain. Il n'est plus question aujourd'hui des biens acquis à l'occasion du service militaire ou de fonctions publiques; l'usufruit légal finissant lorsque le fils est arrivé à l'âge de dix-huit ans, le cas de semblables acquisitions ne peut guère se présenter. Mais il arrive fréquemment que des jeunes gens mineurs de dix-huit ans exercent une profession industrielle, ou bien sont employés dans des administrations ou des maisons de commerce, et se trouvent ainsi à la tête d'un petit patrimoine. Ce sont les biens acquis de cette manière qui échappent à l'usufruit légal et appartiennent à l'enfant en toute propriété. Si le père est privé sur ces biens du droit de jouissance, remarquons qu'il n'en conserve pas moins son droit d'administration légale (art. 389); mais à la majorité de son fils il devra compte, non-seulement du capital, mais encore des revenus.

Pour que la disposition de l'art. 387 profite à l'enfant, il faut qu'il exerce *un travail et une industrie séparés*. Quel est le sens de ces mots? Cela veut-il dire

---

1. Fenel, tome 10, pag. 512.

que l'enfant doit avoir une résidence séparée de celle
de son père? Nous ne le pensons pas; et à notre avis,
le fils, bien qu'il réside au domicile commun de la famille, gardera pour lui les bénéfices qu'il retire de son
travail, pourvu qu'il ait une industrie différente de
celle du père[1]. Cette résidence commune est d'ailleurs
forcée puisqu'aux termes de l'art. 374, l'enfant ne peut
avoir d'autre domicile que celui de son père. On peut
comparer sa situation à celle de la femme mariée, qui,
tout en demeurant avec son mari, ainsi que l'y oblige
l'art. 214, fait néanmoins un commerce séparé.

On reproche à cette disposition de créer entre les
enfants une certaine inégalité. Ainsi supposons un com-
merçant qui a deux enfants : l'un travaille chez lui en
qualité de commis, l'autre est employé dans une administration. Le premier ne pourra réclamer à son père
aucune indemnité; le second deviendra plein propriétaire de ses appointements. Une pareille situation
n'est-elle pas injuste? Il ne faut pas, selon nous, s'ef-
frayer de ces conséquences, car il s'agit de mineurs de
dix-huit ans qui ne peuvent par suite faire des bénéfices bien importants. Ce que le législateur a voulu,
c'est encourager les enfants à prendre des habitudes
d'ordre et de travail. Il ne tient qu'au père de faire
disparaître par de prudentes mesures les inconvénients
qui peuvent résulter de ces situations différentes et
d'assurer à la disposition de l'art. 387. les heureux
résultats qu'elle est appelée à produire. Les expres-

---

1. Demolombe, tome 6, pag. 381. — Massé et Vergé sur Zachariæ,
tome 1, pag. 370. — Proudhon, Traité de l'usufruit, tome 1, pag. 187.

sions de l'art. 387 sont essentiellement limitatives, et cette première exception ne s'applique qu'aux biens acquis par le travail et l'industrie; ce que l'enfant gagne en dehors de ces deux modes d'acquisition rentre donc dans la règle commune et se trouve soumis à l'usufruit légal. Nous dirons, en conséquence, que l'art. 387 ne s'applique pas aux gains résultant des *jeux* et des *paris* (art. 1965), car il n'y a là ni travail ni industrie. Nous donnerons la même solution à l'égard d'un *trésor* auquel l'enfant aurait droit en tout ou en partie, soit qu'il l'eût trouvé lui-même sur son propre fonds, soit qu'il l'eût trouvé sur le fonds d'autrui, soit enfin qu'un tiers l'ait trouvé sur son fonds. Il n'y a, en effet, dans tous ces cas ni travail ni industrie, mais simplement, pour nous servir d'une vieille expression, *donum Dei*. Il faudrait en dire autant si le trésor avait été trouvé dans un bien de l'enfant qui n'était pas soumis à l'usufruit légal; on ne peut, en effet, considérer le trésor comme l'accessoire de l'immeuble [1].

DEUXIÈME EXCEPTION.

BIENS DONNÉS OU LÉGUÉS A L'ENFANT SOUS LA CONDITION EXPRESSE QUE LE PÈRE OU LA MÈRE N'EN JOUIRONT PAS.

L'article 387 consacre une seconde exception en disant : « L'usufruit légal ne s'étendra pas aux biens qui

---

1. Demolombe, tome 6, pag. 383. — Proudhon, Traité d'usufruit, tome 1, pag. 190.

seront donnés ou légués à l'enfant sous la condition
expresse que les père et mère n'en jouiront pas. »
Rien n'est plus sage que cette disposition. Si la loi
n'eût pas permis à un donateur de priver le père de la
jouissance des biens dont il veut gratifier l'enfant, il
serait arrivé le plus souvent que ce donateur, animé
peut-être contre le père, de justes sentiments de défiance ou d'animosité, se fût abstenu de toute espèce
de libéralité en faveur de l'enfant plutôt que de voir
le père en profiter. Le droit romain considérait déjà
comme licite une condition de cette nature insérée
dans un testament. Le Code a consacré la même doctrine dans l'intérêt de l'enfant vers lequel il attire les
libéralités, en laissant au disposant la plus grande
liberté. Toutefois comme il n'y a là qu'une exception,
l'article 387 exige que la condition soit *expresse* ; mais
il n'en résulte pas que le testateur doive employer
une formule sacramentelle. Tout ce que veut la loi,
c'est que la prohibition soit claire et manifeste, c'est-à-
dire « qu'elle résulte clairement de l'acte[1] ». Souvent
ce sera une question de fait laissée à l'appréciation des
tribunaux ; mais le doute devra toujours s'interpréter
en faveur de l'usufruit légal qui est la règle générale.
Ainsi il a été jugé que lorsque le disposant a indiqué
l'emploi à faire des fruits et revenus, cette disposition
était inconciliable avec l'exercice de la jouissance
légale, et que, par suite, elle contenait une disposition
expresse[2].

---

1. Demolombe, tome 6, pag. 385. Comp., art. 843 et 1273.
2. S., 1812, 2, 329.

Que décider si un testateur lègue au père la moitié de ses biens et à l'enfant l'autre moitié ? Devons-nous dire que le testateur a fait à chacun sa part et qu'il a ainsi manifesté expressément l'intention de soustraire à l'usufruit légal les biens attribués au fils ? Dans l'ancien droit, on l'a soutenu [1], et on pouvait effectivement invoquer dans ce sens deux textes de Justinien dont les dispositions ne sont plus applicables aujourd'hui. Nous n'avons dans le droit actuel aucune règle semblable aux textes invoqués par les anciens auteurs. Du reste, les articles 749 et 751, qui ont pour objet de régler la même matière, ne reproduisent ni ne consacrent la même opinion. Et au surplus l'article 730, qui reproduit pour un cas exceptionnel et pénal la disposition romaine, prouve qu'elle n'est pas admise en règle générale, et d'ailleurs les deux qualités de légataire et d'usufruitier d'un legs fait à l'enfant n'ont rien d'incompatible, puisque l'une procède de la volonté du testateur, et l'autre de celle du législateur. Dans tous les cas, il n'y a pas là cette volonté *expresse* exigée par l'article 387 pour que le père soit privé de son usufruit sur les biens donnés ou légués.

Supposons maintenant que le don ou legs fait au fils soit d'un usufruit ou d'une rente viagère : le père pourra-t-il en réclamer la jouissance aux termes de l'article 384 ? On pourrait le nier en se fondant sur ce que le bénéfice de la libéralité consiste tout entier dans les arrérages de la rente, dans les fruits ou intérêts du bien grevé d'usufruit, et en soutenant que dès lors

---

1. Nov. 118, ch. 2. C. Libr. 6, Tit. 61, Loi 6.

le disposant, qui les a attribués à l'enfant lui-même, a entendu par là même en priver le père.

Ce raisonnement ne nous paraît pas satisfaisant. En effet, nous ne retrouvons pas encore là cette volonté *expresse* d'exclusion exigée par l'article 387 chez le disposant. Les termes généraux de l'article 384 sont formels; par suite, tous les biens non exceptés doivent être soumis à l'usufruit légal. On objectera peut-être que la nature du legs s'oppose à ce qu'on établisse l'usufruit légal sur les biens qui en sont l'objet. Mais les articles 588 et 1568 prévoient justement le cas où un usufruit peut exister sur une rente viagère ou un usufruit; c'est qu'en effet, les arrérages de la rente viagère ne sont que les fruits de la rente elle-même, créance principale, de même que le droit d'usufruit est le fond, la substance, dont les revenus ne sont que les fruits[1]. Nous pensons donc que le père profitera des arrérages de la rente et des fruits ou revenus du bien grevé d'usufruit; il restera toujours les titres de la rente viagère ou de l'usufruit, qui, à l'expiration de la jouissance légale, seront remis à l'enfant[2].

Adopterons-nous la même solution si la libéralité consiste dans un bail à ferme? Ici, nous déciderons d'une manière toute différente; car ce sont les produits du fonds affermé qui constituent la substance et le capital du droit du fermier, à la différence de l'usufruit et de la rente viagère, qui sont des droits dont

---

1. Demolombe, tome 6, pag. 387.
2. Proudhon, Traité d'usufruit, tome 1, pag. 198. — Demolombe, tome 6, pag. 397.— Dalloz, Puiss. pat., n° 109.

l'existence est indépendante des fruits qu'ils procurent à celui qui en jouit. L'usufruitier légal ne peut donc pas percevoir les fruits provenant du bail à ferme sans contrevenir à l'art. 578, aux termes duquel l'usufruitier d'une chose est tenu d'en conserver la substance. Nous pouvons citer dans le sens de notre opinion un arrêt de la Cour de Lyon du 26 avril 1822 [1], confirmé par la Cour de Cassation, le 7 mars 1825 [2]. La question était celle de savoir si la mère, usufruitière légale, avait sur les coupes de bois faites dans la propriété d'autrui, en vertu de baux ou marchés passés avec son mari, le même droit que sur les fruits des biens de ses enfants. Il fut jugé par la Cour de Lyon, et, plus tard, confirmé par la Cour suprême, qu'elle n'avait pas le même droit, mais que les coupes de bois représentaient un capital dont elle avait seulement la jouissance.

Il nous reste à examiner une question délicate et vivement controversée encore de nos jours : il s'agit de savoir si la prohibition de l'usufruit légal peut s'étendre même sur la réserve de l'enfant. Voici l'espèce : un père meurt instituant son fils légataire universel, à la condition que la mère n'aura pas la jouissance légale des biens; cette condition, certainement valable, d'après l'art. 387, pour une moitié du patrimoine du père, laquelle était disponible entre ses mains, l'est-elle également pour la seconde moitié, formant pour l'enfant une succession rigoureusement

1. S. 1823, 2, 261.
2. S. 1825, 1, 125.

réservée, et que le père ne pouvait attribuer à aucun autre ?

Cette controverse s'élevait déjà dans l'ancien droit et y était longuement discutée. Plusieurs auteurs, et notamment Lebrun[1], soutenaient que le droit de prohibition n'avait pas de limites; d'autres, parmi lesquels Serres[2], Catellan[3], professaient la doctrine contraire, et se fondaient sur la novelle 117, chapitre 1, qui, en autorisant le disposant à enlever à l'ascendant du légataire l'usufruit du bien légué, en excepte formellement la légitime. Aujourd'hui, la même question divise les jurisconsultes, et chacune des opinions a pour elle des autorités considérables.

La réserve, disent !les partisans de l'affirmative[4], est établie par la loi dans l'intérêt de l'enfant, et on ne doit considérer comme y portant atteinte que les résultats qui pourraient diminuer l'émolument du réservataire. Or, dans notre espèce, la disposition, loin de l'amoindrir, augmente précisément cet émolument, puisqu'elle donne à l'enfant la pleine propriété des biens dont il ne serait, d'après le droit commun, que nu-propriétaire. Annuler la disposition testamentaire en ce qui touche la réserve, serait donc vouloir retourner contre l'enfant une institution établie directement dans son intérêt. On ne peut pas dire qu'il y ait la violation de la réserve. D'ailleurs, même en le

1. Lebrun, Des Successions, liv. 2, chap. 3, sect. 4, n° 22.
2. Serres, Instit. du dr. fr., liv. 2, tit. 9, pag. 207.
3. Catellan, liv. 4, chap. 20, pag. 204.
4. Malleville sur l'art. 387. — Valette sur Proudhon, tome 2, pag. 9.8. — Duvergier sur Toullier, tome 2, n° 1067, note a.

supposant ainsi, où est la sanction? Uniquement dans une action en réduction dirigée contre un légataire ou donataire des biens réservés, et qui a pour but de faire rentrer dans les mains du réservataire les biens dont il a été dépouillé au mépris des dispositions de la loi. Cette action ne peut se concevoir dans notre hypothèse, puisque ces biens sont entre les mains du réservataire ; contre qui, alors, intentera-t-il son action? Quel sera le défendeur ? Pourquoi se plaindrait-il d'une disposition qui, non-seulement laisse son droit intact, mais encore lui procure un avantage considérable? Il est difficile de comprendre comment il serait tenté d'en demander la nullité.

Ce système, bien que soutenu par d'éminents jurisconsultes, ne nous séduit pas, et nous adopterons l'opinion de ceux qui décident que la clause par laquelle la réserve est enlevée au survivant des père et mère doit être réputée non écrite[1]. L'argument le plus sérieux et qui, selon nous, suffirait à lui seul pour faire triompher la négative est le suivant : la seule chose que l'enfant puisse exiger, c'est d'avoir sa réserve intacte ; de plus, l'enfant tient cette réserve de *la loi seule*, et non de la libéralité de son père. Pour affecter d'une condition une libéralité, il faut, avant tout, être donateur ; et, dans notre espèce, il n'y a pas d'autre donateur que le législateur ; lui seul a le droit d'attacher une condition à l'attribution de la portion réser-

---

1. Delvincourt, tome 1, pag. 93. — Duranton, tome 3, n° 376. — Vazeille, tome 2, n° 447. — Zachariæ, Aubry et Rau, tome 6, pag. 86.

vée, et cette condition est précisément le droit de
jouissance de l'époux survivant. On ne trouve pas autre
chose dans l'art. 387 ; cet article autorise, il est vrai,
la condition prohibitive pour les biens donnés ou
légués ; mais la réserve n'est ni donnée ni léguée, et
la prohibition ne saurait s'y appliquer. De plus, si on
admet que la réserve est une acquisition *ex lege* dans
toute la force du terme, il faut bien admettre que les
biens qui la composent « doivent entrer dans le patrimoine d'un héritier réservataire avec toutes les conséquences que la loi attache à une semblable acquisition, et que l'on doit regarder comme nulle toute
disposition du défunt par laquelle il aurait voulu régler
les conséquences de cette entrée des biens réservés
dans le patrimoine de l'héritier[1] ». Il n'y a que la loi
qui puisse régler les effets de cette acquisition ; elle l'a
fait dans l'art, 384, en déclarant les biens de l'enfant
soumis à l'usufruit légal.

Quelques auteurs[2] soutiennent également la négative,
mais en s'appuyant sur un autre argument. Ils regar-
dent la clause prohibitive comme entamant la réserve
légale qui n'arrive pas libre entre les mains de l'enfant.
Ils accordent alors à l'enfant, et par suite à la mère qui
est son ayant-cause (art. 921), le droit de demander
par voie d'action en réduction, que cette condition soit
réputée non écrite. L'acquisition de l'usufruit pour la
mère est ici concomitante de l'acquisition de la propriété pour l'enfant, et dès lors elle doit avoir, pour le

---

1. Vernet, Traité de la quotité disponible, pag. 467.
2 Marcadé, tome 2, pag. 169. — Demolombe, tome 6, pag. 391.

maintien du droit que la loi lui confère, la même
action qui appartient à l'enfant.

On a fait observer [1] qu'il n'est pas très-exact de
dire que l'enfant a une action en réduction pour faire
annuler la clause qui dispense la réserve de l'usufruit légal, et que par suite cette action appartient à
la mère. Contre qui, en effet, l'enfant pourrait-il exercer cette action ? Il ne trouvera pas d'adversaire puisqu'il ne s'agit pas ici de faire réduire un legs ou un
avantage fait à un tiers, mais bien de faire disparaître
la clause d'un legs, avantageux ou non, fait à l'enfant lui même. Ce dernier n'ayant pas cette action en
réduction, la mère ne pourrait pas l'avoir elle-même
comme exerçant les droits de l'enfant. Ce n'est donc
pas dans une prétendue action en réduction que peut
se trouver le droit pour la mère de faire annuler la
clause prohibitive de son usufruit légal sur la réserve
de l'enfant dans la succession paternelle. Nous admet-
trons, avec MM. Massé et Vergé, que la condition doit
être simplement réputée non écrite et nous dirons
avec eux : « Sans doute, le legs de la réserve légale
n'est pas nul de plein droit, et sous ce rapport, le réservataire à qui cette réserve est léguée ou donnée,
peut être considéré comme un légataire ou un donataire; mais il est certain que celui à qui on lègue une
chose à laquelle il avait droit, et à qui par conséquent
ce legs ne donne rien, recueille la chose bien moins
comme légataire qu'en vertu de son droit antérieur;
il en résulte que celui qui est privé de son usufruit

[1] Massé et Vergé sur Zachariæ, tome 1, page 371, note 9.

légal sur la réserve au moyen d'une condition apposée au legs de cette réserve, est fondé à dire qu'en réalité cette réserve n'est pas une chose léguée, et que, par suite, on doit réputer non écrite une condition à laquelle la transmission de cette chose n'est pas susceptible d'être subordonnée [1] ».

Remarquons, en terminant, que la prohibition autorisée par l'article 387 peut frapper le père ou la mère indistinctement, ou l'un d'eux seulement. Si c'est la mère qui est privée de l'usufruit légal, le père jouira pendant sa vie des biens de son enfant, mais le droit ne naîtra pas à sa mort au profit de la mère. Si c'est le père, le droit de la mère s'ouvrira après la mort de son mari.

TROISIÈME EXCEPTION.

BIENS QUE L'ENFANT RECUEILLE EN VENANT DE SON CHEF À UNE SUCCESSION DONT SON PÈRE OU SA MÈRE ONT ÉTÉ EXCLUS COMME INDIGNES.

Pour assurer plus efficacement les effets de l'indignité, le législateur n'a pas voulu que le père ou la mère, indigne de recueillir une succession, pût au moyen de son droit de jouissance, recevoir une partie des avantages que cette succession lui eût procurés. L'article 730 nous dit : « Les enfants de l'indigne, venant à la succession de leur chef et sans le secours

---

1. Massé et Vergé sur Zachariæ, tome 1, pag. 371, note 9. — Dalloz, Rép. Puiss. pat., n° 113.

de la représentation, ne sont pas exclus par la faute
de leur père; mais celui-ci ne peut, en aucun cas,
réclamer sur les biens de cette succession *l'usufruit
que la loi accorde aux père et mère* sur les biens de
leurs enfants ». Bien que cet article ne parle que du
père, sa disposition est applicable à la mère, comme
le prouve suffisamment la dernière partie de l'article.
D'ailleurs, le père ayant au premier rang pendant le
mariage l'usufruit légal, l'attention du législateur a
dû, avant tout, se porter plus spécialement sur lui.
Dans le cas où, en vertu de l'article 730, le père serait déclaré indigne, la mère n'en jouirait pas moins
des biens de la succession recueillie par ses enfants,
car aucune déchéance, dans ce cas, n'est prononcée
contre elle; mais sa jouissance ne commencerait qu'à
la dissolution du mariage, par application de ce principe que nous avons déjà discuté, que la mère n'a jamais droit à l'usufruit légal qu'après la dissolution du
mariage.

Supposons maintenant que la mère, seule héritière,
ait été déclarée indigne, et que de plus son mari ait
été condamné comme complice du fait qui a produit
l'indignité: ce dernier conservera-t-il néanmoins l'usufruit des biens de la succession recueillie par les enfants? La même question se présenterait si c'était le
père qui fût seul héritier et que la mère ait été condamnée comme complice. Faut-il, dans ces deux hypothèses, prononcer la déchéance de l'époux complice?

Nous pensons que ni le père dans le premier cas, ni
la mère dans le second, ne seraient déchus de leur
droit d'usufruit. Il s'agit ici, en effet, d'une déchéance,

et nous ne pouvons oublier que tout est de rigueur en pareille matière ; décider autrement, c'est donner une extension arbitraire au texte tout pénal de l'art. 730. D'ailleurs, si on admettait que, dans l'hypothèse qui nous occupe, le conjoint complice doit perdre son usufruit, il faudrait, pour être logique, dire également qu'il en serait déchu dans le cas où il aurait été condamné comme complice d'un individu qui n'était point héritier, car sa culpabilité serait absolument la même : ce n'est point la circonstance que l'auteur principal n'est pas son conjoint qui pourrait en augmenter ou diminuer la gravité. Or, sur quel texte fonder une pareille déchéance ? Ce n'est pas évidemment sur l'art. 730, qui ne prévoit que le cas d'indignité ; et ici personne n'a pu être déclaré indigne, puisque l'auteur principal du fait coupable et son complice ne sont pas héritiers.

Toujours en raison du caractère pénal de son texte, on ne saurait étendre au delà du cas spécial d'indignité la disposition de l'art. 730. Ainsi, lorsque les enfants hériteront par suite de la renonciation de leur père, celui-ci pourra, malgré sa renonciation à la succession, exercer son droit de jouissance légale sur les biens héréditaires, puisqu'il tient ce droit de son autorité paternelle. Car si le père renonce à tous ses droits sur la succession comme héritier, rien ne prouve qu'il ait voulu renoncer comme père à son droit d'usufruit légal sur tous les biens de ses enfants.

Notons bien, avant de terminer l'explication de notre troisième exception, qu'elle est spéciale, c'est-à-dire qu'elle ne porte que sur les biens faisant partie de cette succession échue à l'enfant par suite de l'exclusion de son père ou de sa mère comme indignes.

QUATRIÈME EXCEPTION.

BIENS COMPRIS DANS UN MAJORAT.

Suivant un avis du conseil d'État du 30 janvier 1811, il doit être, pendant la minorité des titulaires, pourvu à l'administration et à l'emploi des majorats de la manière prescrite par le Code à l'égard des biens désignés dans l'art. 387 ; en d'autres termes, l'usufruit légal ne s'applique pas aux biens compris dans un majorat. Mais ceci n'a plus aujourd'hui beaucoup d'intérêt : en effet, la loi du 12 mai 1835 a interdit toute institution de majorats pour l'avenir (art. 1), et quant aux majorats de biens particuliers fondés avant sa promulgation, elle les a limités à deux degrés, l'institution non comprise (art. 2). La loi du 7 mai 1849, rendue sur le rapport de M. Valette, a restreint dans des limites plus étroites encore la durée des majorats de biens particuliers : l'article premier de cette loi dispose que « les majorats de biens particuliers qui auront été transmis à deux degrés successifs, à partir du premier titulaire, sont abolis, et que les biens composant ces majorats demeurent libres entre les mains de ceux qui en sont investis ». L'art. 2 ajoute : « La transmission des biens formant un majorat est limitée à deux degrés, et elle n'a lieu qu'en faveur des appelés nés ou conçus à l'époque de la promulgation de la loi ».

CHAPITRE III.

DROITS DE L'USUFRUITIER.

La loi ne renferme aucune disposition relative aux droits que confère l'usufruit légal; plusieurs auteurs en ont conclu qu'il fallait avoir recours sur ce point aux règles de l'usufruit ordinaire[1]. En effet, dit-on, l'art. 385 déclare que les charges de la jouissance légale sont celles auxquelles sont tenus les usufruitiers; c'est donc que les droits de l'usufruitier légal sont aussi les mêmes, car les droits sont corrélatifs aux charges. C'est ainsi encore que l'art. 601 dispense *expressément* le père de fournir caution en cas d'usufruit légal; c'est donc, en règle générale, qu'il est soumis aux obligations de l'usufruitier ordinaire, et la réciprocité exige qu'il en ait aussi les droits. Cette appréciation du caractère juridique de la jouissance légale des père et mère est vraie en thèse générale, mais la nature spéciale de l'usufruit légal oblige d'y apporter quelques restrictions.

L'*usufruit ordinaire* est susceptible de cession à titre onéreux ou à titre gratuit (art. 395), d'hypothèque (art. 2118), d'expropriation forcée (2204). En est-il de même de l'usufruit légal? Quelques auteurs[2] le prétendent et s'appuient pour soutenir leur opinion sur

---

1. Proudhon, Traité d'usufruit, tome 1, n° 125.
2. Proudhon, Traité d'usufruit, tome 1, n° 125. — Duvergier, de la Vente, tome 1, n° 213.

les arguments suivants : en droit romain, disent-ils, le père de famille pouvait vendre ou hypothéquer l'usufruit qui lui appartenait sur les biens composant le pécule adventice et ses créanciers pouvaient le saisir et le faire vendre ; le Code civil a dû suivre la même règle. L'usufruit légal, en effet, est un droit sur les biens et à ce titre il doit être susceptible, comme tout autre droit pécuniaire, de toutes les conventions que peut produire la volonté des parties. L'existence des charges spéciales qui grèvent l'usufruit légal, notamment celle de nourriture, d'entretien ou d'éducation des enfants, ne saurait faire obstacle à la cession puisque en vertu de cet adage : *Nemo plus juris in alium transferre potest quam ipse habet,* les charges, soit ordinaires, soit spéciales, qui pèsent sur un usufruit, le suivent entre les mains du cessionnaire.

Bien que soutenue par de savants auteurs, cette doctrine ne nous séduit pas, et nous pensons, au contraire, qu'au point de vue qui nous occupe, l'usufruit légal diffère essentiellement de l'usufruit ordinaire. Ce n'est pas, en effet, dans le droit romain qu'il faut chercher des éléments de solution ; car il s'agit ici d'une matière qui, étroitement liée à la puissance paternelle, a subi des modifications nombreuses, conséquences inévitables des changements opérés dans les mœurs. On peut se faire une idée exacte de cette transformation par la comparaison de l'usufruit accordé au père de famille sur le pécule adventice avec le droit de garde noble ou bourgeoise admis dans les pays coutumiers, droit essentiellement attaché à la personne et qui dans la plupart des Coutumes ne

pouvait être l'objet d'aucune cession[1]. Le Code civil
s'est, en cette matière, écarté du droit romain et s'est
plus rapproché des Coutumes. Nous avons montré plus
haut les différences qui existent dans notre législation
entre l'usufruit ordinaire et le droit des père et mère
sur les biens de leurs enfants mineurs. La jouissance
légale, avons-nous dit, ne constitue pas un démembrement du droit de propriété, mais un attribut de la
puissance paternelle. Or la puissance paternelle ne
peut être l'objet d'aucune cession ni volontaire, ni
forcée, et il faut suivre la même règle pour la jouissance légale qui en est un accessoire et une dépen-
dance. La faculté de céder l'usufruit légal s'accorderait
d'ailleurs assez mal avec l'intérêt de l'enfant qui ne
serait plus suffisamment protégé. Le cessionnaire, jouis-
sant des mêmes immunités que le cédant, serait dispensé de donner caution, et comme aucune affection
ne l'attacherait au mineur, il n'aurait qu'un but, celui
de retirer de son usufruit le plus d'avantages possibles,
même au détriment de la nue-propriété. Ajoutons que
les charges dont l'usufruitier légal est tenu s'opposent
à ce qu'il puisse céder son droit en aucune façon.
C'est sur l'usufruit légal, en effet, que doivent être
pris les frais de nourriture, d'entretien, d'éducation
des enfants. Or le montant de ces charges est essentiellement variable, c'est au père à en apprécier l'étendue. Qu'arrivera-t-il si c'est un tiers qui est usufrui-

1. Loysel, Instr. coutumières, tome 1, liv. 1, tit. 1, règle 21. —
Renusson, Garde noble et bourgeoise, chap. 6, nº 93 et suiv. — Demangeat, Revue du droit français, année 1845, tome 2.

tier? Les devoirs d'entretien et d'éducation du père
seront entravés, car le tiers usufruitier trouvera toujours trop élevées les dépenses que le père aura
jugées nécessaires. Et enfin, le père ou la mère qui
céderait la jouissance légal, perdrait-il par là le droit
d'émanciper son enfant? Personne n'osera admettre
une atteinte aussi profonde à la puissance paternelle ;
le père pourrait donc toujours anéantir à son gré les
effets de la cession consentie, résultat complétement
inadmissible. Il faut donc reconnaître que l'usufruit
légal n'est pas dans le commerce, et que par suite il
est incessible et insaisissable.

La solution que nous venons de donner [1] est confirmée par la loi des 29 septembre et 6 octobre 1791,
qui décide que : « Les pères qui viendront à l'administration et jouissance que quelques Coutumes leur
donnent, des biens appartenant aux enfants mineurs
non émancipés, en vertu de la simple puissance paternelle, ne devront aucun droit ». Cette exemption de
tout droit de mutation prouve surabondamment que la
jouissance légale n'est pas un démembrement de la
propriété et constitue un usufruit *sui generis* qui ne
peut être ni aliéné, ni hypothéqué, ni saisi. Nous ne
parlons, bien entendu, que du droit lui-même, qui
nous paraît de sa nature insaisissable. Quant aux
fruits et revenus, une fois entrés dans le patrimoine
du père, ils deviennent le gage commun de tous ses

---

1. Duranton, tome 3 , n° 403, et tome 4, n° 486. — Valette sur
Proudhon, tome 2, pag. 267.—Mourlon, Rép. écrites, tome 1, n° 1056.
— Demolombe, tome 6, pages 410 et suiv.

créanciers. Ceux-ci ont donc le droit de faire des sai-
sies-arrêts entre les mains des locataires et fermiers,
de pratiquer des saisies-exécutions sur les fruits coupés,
ou des saisies-brandons sur les fruits pendants par
branches ou par racines. Seulement, comme le père ne
perçoit les fruits des biens de ses enfants que déduction
faite des frais d'entretien et d'éducation, ses créanciers
ne sauraient avoir plus de droits que lui. Ils ne pourront saisir les fruits qu'à la condition d'en déduire au
préalable les dépenses nécessaires aux enfants, et les
tribunaux pourront être appelés à fixer le chiffre, en cas
de contestation. Il est bien évident aussi que la loi n'astreint pas l'usufruitier légal à jouir par lui-même ; il
peut jouir par un autre qui ne fera qu'exercer son
droit.

De tout ce qui précède il résulte clairement, une fois
de plus, que la jouissance légale est un usufruit d'une
nature spéciale à l'égard duquel certaines règles de
l'usufruit ordinaire seront sans application. C'est ainsi,
selon nous, qu'en matière d'usufruit légal, il faudrait
s'écarter de la décision donnée par l'art. 589 pour
l'usufruit ordinaire. Aux termes de cet article, « si
l'usufruit comprend des choses qui, sans se consom-
mer de suite, se détériorent peu à peu par l'usage,
comme du linge, des meubles meublants, l'usufruitier
a le droit de s'en servir pour l'usage auquel elles sont
destinées, et n'est obligé de les rendre à la fin de l'u-
sufruit que dans l'état où elles se trouvent, non dété-
riorées par son dol ou par sa faute ». D'un autre côté,
l'art. 453 nous dit : « Les père et mère, tant qu'ils ont
la jouissance propre et légale des biens du mineur,

sont dispensés de vendre les meubles, s'ils préfèrent
les garder pour les remettre en nature. Dans ce cas,
ils en feront faire, à leurs frais, une estimation à juste
valeur, par un expert qui sera nommé par le subrogé
tuteur et prêtera serment devant le juge de paix. Ils
rendront la valeur estimative de ceux des meubles qu'ils
ne pourraient représenter en nature ». Il s'agit de
savoir si, dans le cas où ils useront du bénéfice de
l'art. 453, les père et mère pourront invoquer en leur
faveur l'art. 589, pour ne rendre les meubles que dans
l'état où ils se trouvent, ou si au contraire ils seront
obligés, en cas de perte par cas fortuit, ou lorsque le
délabrement des meubles les rendra inserviables, de
payer le montant de l'estimation qui en a été faite.
Ainsi que nous l'avons indiqué plus haut, nous n'hésitons pas à dire que l'art. 589 n'est pas applicable
en matière d'usufruit légal. Mais comme cette question
soulève de vives controverses, nous croyons devoir
l'examiner avec quelques détails.

On soutient l'affirmative par les raisons suivantes.
L'art. 589, dit-on, n'est que l'expression d'une règle
tout à fait générale, répétée dans les art. 950, 1063,
1566, et consacrée de nouveau dans l'art. 453 lui-même.
D'ailleurs, celui qui a le droit de jouir d'une chose ne
saurait être responsable de la détérioration qui résulte
du seul effet de sa jouissance, du seul exercice de son
droit ; autrement, il ne serait pas vrai de dire qu'il a
le droit de jouir. Et enfin, on tire un argument *a fortiori* de l'art. 1884, qui applique le principe de l'art. 589
à l'emprunteur à usage ; or ce dernier ne jouit qu'en

vertu d'un acte d'obligeance purement gratuite (art. 1876)[1].

La négative, qui nous paraît mieux fondée, s'appuie d'abord sur la différence de rédaction nettement tranchée qui existe entre l'art. 453 d'une part, et les art. 589, 950, 1063 et 1566, de l'autre. D'après ces derniers articles, le détenteur n'est obligé de rendre les meubles que dans l'état où ils se trouvent au moment de la restitution; tandis que dans l'art. 453 nous trouvons simplement que les père et mère qui ont préféré garder les meubles sont tenus de les remettre *en nature.* Cette différence de rédaction est trop marquée pour n'être pas intentionnelle. Ces mots *meubles en nature* ont ici une acception technique et spéciale; ils signifient des meubles propres encore à l'usage auquel ils sont destinés d'après *leur nature*; ce ne serait donc pas, selon nous, remettre des meubles en nature, que de rendre des débris de meubles. La théorie que nous adoptons est, du reste, conforme au principe de l'équité et de la raison; l'usufruitier ordinaire, lui, ne peut pas à son choix garder les meubles ou les vendre; il doit les garder, et on comprend alors qu'il ne soit tenu de les rendre que dans l'état où ils se trouvent. La position du père est toute autre; la loi lui laisse la faculté de choisir entre deux partis, c'est à lui d'examiner si, pour conserver des meubles auxquels il est attaché par habitude, affection ou souvenir, il préfère encourir la responsabilité pécuniaire qui résultera de cette conser-

---

1. En ce sens, Valette sur Proudhon, tome 2, pag. 374, note 6. — Demante, tome 2, n° 211.

vation exceptionnellement tolérée à son profit. De plus,
la solution que nous donnons se rattache aux anciens
principes suivis en matière de garde noble; on ne voulait pas que la jouissance des biens eût pour résultat
d'en détruire et d'en absorber la propriété. « La jouissance du gardien », dit Bourjon, « embrasse les meubles appartenant au mineur; mais, comme sa jouissance
ne doit pas diminuer le fonds, il est obligé de faire
faire la vente des meubles, et la jouissance se réduit
à jouir des prix d'iceux[1] ». Ainsi, le mobilier du
mineur constitue, dans tous les cas, un capital qui doit
lui être remis intact, et le droit du gardien ne peut
concerner que les revenus. Il en est de même du père
usufruitier, et le système de la loi est évidemment
celui-ci : d'après la règle générale, les meubles des
mineurs devraient être vendus (art. 452); et si, la
vente avait lieu, l'enfant ne courrait aucun risque de
dégradation et de perte par cas fortuit ou autrement;
au contraire, des meubles stériles et périssables d'ordinaire seraient convertis en capital productif et per-
manent.

Les parents sont, il est vrai, autorisés à ne pas les
vendre, s'ils préfèrent les garder ; mais ils n'y sont
autorisés qu'à cette condition, que le droit de l'enfant
ne sera pas compromis. Que le père vende les meubles
ou qu'il les conserve en nature, leur valeur constitue
un capital qui devra être restitué à l'enfant dans toute
son intégrité. En conséquence, le survivant des père et

---

1. Bourjon, Droit commun de France, tome 1, pag. 835.—Nouveau
Denizart, tome 7, v. Don mutuel, § 2, n° 5.

mère, qui ne représente pas en bon état les meubles
qu'il a préféré ne pas vendre, doit leur estimation
dans tous les cas, même s'ils ont péri par cas fortuit ou
ont été détériorés sans dol ni faute : c'est-à-dire qu'en
matière d'usufruit légal, la disposition de l'art. 589
n'est pas applicable [1].

CHAPITRE IV.

DES CHARGES DE L'USUFRUIT LÉGAL.

Les charges de l'usufruitier légal sont à peu près les
mêmes que celles imposées au gardien par le droit
coutumier, et l'art. 385 est pour ainsi dire calqué sur
l'article 267 de la Coutume de Paris.

Comparons, en effet, ces deux textes :

Aux termes de l'art. 267 de la Coutume de Paris, « le
gardien noble demeurant hors la ville de Paris, ou
dedans la ville et fauxbourgs d'icelle, et pareillement
le gardien bourgeois, a l'administration des meubles et
fait les fruits siens durant ladite garde, de tous les
immeubles, tant héritages que rentes appartenant aux
mineurs assis en la ville ou dehors : *à la charge de payer
et acquitter par ledit gardien les dettes et arrérages des
rentes que doivent lesdits mineurs ; les nourrir, alimenter
et entretenir selon leurs état et qualité. Payer et acquitter
les charges annuelles que doivent lesdits héritages. Et*

---

1. En ce sens, Demolombe, tome 6, pag. 400. — Proudhon, Traité
d'usufruit, tome 5, n° 2610. — Bugnet, Cours de droit civil.

iceux héritages entretenir de toutes réparations viagères. Et
a fin desdites gardes rendre lesdits héritages en bon état.

Voici maintenant le texte de l'article du Code civil
qui énumère les charges de l'usufruit légal :

« Les charges de cette jouissance seront :

« 1° Celles auxquelles sont tenus les usufruitiers;

« 2° La nourriture, l'entretien et l'éducation des enfants selon leur fortune.

« 3° Le paiement des arrérages et intérêts des capitaux.

« 4° Les frais funéraires et ceux de dernière maladie ».

Cette analogie de rédaction a son importance; car
elle nous montre que, pour tout ce qui concerne ces
charges, c'est dans les dispositions coutumières que
nous devons chercher la véritable pensée du législateur
moderne.

Etudions ces différentes obligations en suivant l'ordre
dans lequel elles sont énumérées par l'art. 385.

SECTION I.

CHARGES AUXQUELLES SONT TENUS TOUS LES USUFRUITIERS.

La jouissance accordée aux père et mère sur les
biens de leurs enfants mineurs, bien que ne devant
pas être en général assimilée à l'usufruit ordinaire,
offre certainement avec lui cette analogie qu'elle attribue aux père et mère l'universalité des fruits; par
une juste réciprocité ils doivent, par conséquent,

supporter toutes les charges qui, à raison de cette perception de tous les fruits, incombent à l'usufruitier ordinaire.

Ainsi l'usufruitier devra faire dresser l'inventaire et l'état descriptif des immeubles, objets de sa jouissance (art. 600), jouir en bon père de famille et conserver la substance de la chose (art. 578), faire les réparations d'entretien (art. 605 et 607), acquitter les contributions, les intérêts des capitaux, les pensions alimentaires ou viagères (art. 608, 610, 612), et enfin payer les frais des procès concernant la jouissance (art. 613). Mais il est formellement dispensé de la nécessité de donner caution imposée à tout usufruitier ordinaire (art. 601). On a pensé que l'affection paternelle offrait des garanties suffisantes, et qu'une pareille obligation eût mal à propos imprimé un caractère légal de défiance aux rapports des enfants envers leur père et mère [1].

Malgré cette dispense de caution, il faut admettre que, si les biens de l'enfant étaient en péril, on pourrait exiger du père certaines garanties et s'adresser aux tribunaux pour que, par exemple, la possession des biens fût enlevée à l'usufruitier. La loi n'a pas voulu que l'enfant fût toujours à la merci de son père et se trouvât dans l'impossibilité de veiller à la conservation de son patrimoine compromis par la négligence et l'inconduite de celui à qui il serait confié. Il

[1]. Nous pouvons rapprocher de l'art. 601 la disposition analogue de la loi du 3 mai 1841, sur l'expropriation pour cause d'utilité publique, dont l'art. 39 contient la même dispense; comparer aussi l'art. 1550 du Code civil.

doit avoir la faculté de prendre, s'il a lieu, des mesures conservatoires [1].

Telles sont les charges imposées à tous les usufruitiers. Les obligations qui suivent sont spéciales à
l'usufruit légal.

SECTION II.

LA NOURRITURE, L'ENTRETIEN ET L'ÉDUCATION DES ENFANTS, SELON LEUR FORTUNE.

Au premier abord, cette obligation semble se con-
fondre avec celle imposée aux père et mère par
l'article 203; mais quand on a comparé les art. 203 et
385-2°, l'on s'aperçoit qu'ils diffèrent essentiellement,
et que les obligations qui en résultent n'ont ni la même
cause, ni les mêmes effets.

L'obligation de l'art. 203 a pour cause la paternité;
elle dérive de la loi naturelle en vertu de laquelle tout
être vivant doit pourvoir à l'alimentation des enfants
qu'il a mis au monde, et non pas seulement du mariage, comme le dit à tort l'art. 203. Une preuve que
ces articles prévoient des situations différentes, c'est
que les père et mère naturels qui ont reconnu leur
enfant, bien que n'ayant pas droit à l'usufruit légal,
sont cependant tenus de la même obligation que les
père et mère légitimes.

L'obligation édictée par l'art. 385-2° a, au contraire,

---

1. Cette solution est, du reste, conforme à l'ancien droit. (Nouveau
Denizart, Garde noble, tome 9, § 11, n° 3.)

pour cause l'usufruit lui-même qui n'a été accordé au
père et à la mère qu'à la charge de remplir à l'égard
de l'enfant certaines obligations. De là résultent entre
ces deux obligations quatre différences importantes :

1º En vertu de l'art. 203, le père (ce que nous
dirons du père s'applique également à la mère) doit à
ses enfants une éducation et un entretien proportionnés
à *sa propre fortune* (art. 208). Au contraire, l'art. 385-
2º ordonne à l'usufruitier légal de proportionner cette
éducation et cet entretien *à la fortune des enfants eux-
mêmes* [1]. Il en résulte que si, par une sordide économie,
le père négligeait totalement l'éducation d'un enfant
possesseur de biens considérables; si, au lieu de l'élever comme le comportent sa fortune et la position qu'il
doit occuper, il l'employait aux travaux domestiques
les plus grossiers, il pourrait être tenu, à la majorité
de l'enfant, de restituer tout ce qu'il aurait perçu en
vertu de sa jouissance légale [2].

2º Le père n'est tenu, d'après l'art. 203, de pourvoir
sur ses propres biens à la nourriture, à l'entretien et à
l'éducation de ses enfants, qu'autant qu'ils n'ont pas
une fortune suffisante pour y subvenir. Au contraire,
l'art. 385 assujettit l'usufruitier légal à la nécessité de
payer ces frais, quand même les enfants auraient des
biens personnels, non compris dans cet usufruit. Ce
n'est pas là, d'ailleurs, du droit nouveau; car nous

1. Valette sur Proudhon, tome 2, pag. 251. — Demolombe, tome 6,
pag. 421.

2. Marcadé, sur l'art. 385. — Dalloz, Rép. Minorité, nº 729.

trouvons exactement la même règle dans le droit coutumier. Voici comment s'exprime Pothier : « Quoique
le gardien noble ne jouisse pas des biens de ses
mineurs qui sont situés en des lieux régis par des
lois qui ne lui donnent pas cette jouissance, l'émolument de la garde qu'il a dans les lieux régis par notre
Coutume ne laisse pas de l'obliger, *pour le total*, aux
frais de l'entretien du mineur et aux autres charges
de la garde, et non pas seulement au prorata des
biens dont il jouit, comme le décide Renusson ; car ce
n'est pas sous ces charges que la Coutume lui défère
l'émolument de la garde [1].

3° L'obligation écrite dans l'art. 203 est imposée à la
mère aussi bien qu'au père. Au contraire, en vertu de
l'art. 385-2°, l'usufruitier légal en est seul tenu, en supposant bien entendu que les biens de l'enfant y suffisent.

4° Enfin, en vertu de l'art. 203, les enfants ne sauraient
empêcher les créanciers personnels de leur père et
mère de saisir et de faire vendre tous les biens de leurs
débiteurs. Au contraire, les saisies faites par les mêmes
créanciers ne frapperaient, d'après l'art. 385, les revenus des biens personnels de l'enfant que déduction
faite de la portion nécessaire à son entretien et à son
éducation. En effet, les fruits, les revenus des biens
n'appartiennent au père usufruitier, que sous la
condition de satisfaire aux obligations prévues par
l'art. 385-2° : aussi ne deviennent-ils le gage

---

1. Pothier, Coutume d'Orléans. Introd. au titre des Fiefs, n° 347. —
Nouveau Denizart, tome 9, v. Garde, note 59.

de ses créanciers que lorsque toutes ces charges ont été remplies[1].

Ajoutons que les charges énumérées dans le deuxième paragraphe de l'article 385 comprennent évidemment l'obligation d'acquitter les frais de toutes les maladies de l'enfant ; les dépenses nécessaires à la conservation ou au recouvrement de la santé sont, de l'avis de tous, comprises dans ce que la loi appelle l'entretien des enfants, aussi bien dans notre art. 385 que dans l'article 203.

SECTION III.

LE PAIEMENT DES ARRÉRAGES OU INTÉRÊTS DES CAPITAUX.

De quels arrérages et de quels intérêts s'agit-il ici ?

L'article 385-3° veut-il parler des intérêts et arrérages échus au moment où l'usufruit légal prend naissance, ou de ceux au contraire qui viendront à échoir pendant sa durée ? Afin de poser la question d'une manière bien nette, prenons une espèce ; une succession s'ouvre au profit d'un enfant mineur de dix-huit ans : cette succession est grevée d'une rente produisant des arrérages ou d'une dette produisant des intérêts, arrérages et intérêts qui sont, par conséquent, à la charge de la succession. Il s'agit de savoir si le père, qui devient usufruitier légal de cette succession échue à son enfant

---

1. Demolombe, tome 6, n° 512. — Valette sur Proudhon, tome 2, pag. 256. — Marcadé, tome 2, pag. 165. — Paris, 19 mars 1823, D. 1823, 2, 184. Colmar, 27 janv. 1835, S. 1835, 2, 256.

mineur de dix-huit ans, devra même payer les intérêts et arrérages déjà échus, ou bien s'il suffira de payer les intérêts et arrérages échus depuis l'ouverture de l'usufruit légal. La question est vivement controversée.

Plusieurs juriconsultes[1] soutiennent que la loi n'a entendu parler que des arrérages ou intérêts à échoir. M. Fr. Duranton, entre autres, a soutenu ce système avec un remarquable talent[2].

Il ne serait pas juste, dit le savant auteur, que le père qui n'a pas eu les revenus perçus à l'époque antérieure à sa jouissance, soit obligé de payer les intérêts et arrérages qui étaient à la charge de ces mêmes revenus. D'après le droit commun, l'usufruitier universel ne doit supporter que les charges correspondantes au temps de sa jouissance.

Dans le droit coutumier, le gardien était, il est vrai, tenu des arrérages échus[3]; mais il n'y a rien à conclure de cette disposition de l'ancien droit, fondée sur ce que ces arrérages formaient une dette mobilière, et que le gardien devait acquitter les dettes mobilières de la succession du prédécédé. Sous l'empire du Code, en effet, les père et mère ne sont plus obligés de payer les dettes de la succession échue à l'enfant, et la conséquence nécessaire est qu'ils ne sont plus tenus de ces arrérages arriérés.

On objecte, ajoute M. Duranton, qu'une pareille situation ferait commettre au législateur un double

---

1. Toullier, tome 1, pag. 512. — Chardon, Puiss. pat., n° 150. — Rolland de Villargues, v. Usufruit légal, n° 55.
2. Revue historique, 1858, pag. 147.
3. Cout. de Paris, art. 267.

emploi. L'article 385-1°, dit-on, a déjà astreint l'usufruitier légal aux charges usufructuaires dans lesquelles sont compris les arrérages à échoir. Comment admettre que le législateur ait édicté une disposition spéciale qui ne ferait que répéter le premier paragraphe de notre article ? Cet argument, tiré du texte, a peu de valeur ; combien de fois la loi, après avoir posé un principe général, n'en a-t-elle pas formulé inutilement les conséquences particulières !

Toutes ces raisons, quelque graves qu'elles puissent être, ne suffisent pas pour nous convaincre, et nous pensons, au contraire, qu'il s'agit, dans l'article 385-3°, des intérêts et arrérages déjà dus au moment où commence l'usufruit légal. Notre opinion s'appuie sur les motifs suivants :

Il est de principe qu'une clause susceptible de deux sens doit plutôt être entendue dans celui avec lequel elle peut avoir quelque effet, que dans le sens avec lequel elle n'en pourrait produire aucun (art. 1157). Or, dans le système que nous repoussons, la troisième partie de notre article n'a aucune portée, aucun sens, puisque les charges qu'il mentionne sont déjà imposées à l'usufruitier par le premier paragraphe. Il est impossible d'admettre que le législateur ait fait une disposition distincte et spéciale, pour ne rien ajouter à ce qu'il avait déjà dit. Loin d'être une redondance inutile, l'article 385-3° reproduit une règle de l'ancien droit coutumier. Même dans la Coutume de Paris, qui n'accordait pas au gardien la propriété des meubles, on mettait à sa charge le paiement des arrérages et intérêts déjà échus au moment où commençait la garde. Si le législateur eût voulu modifier la tradition de l'ancien droit, il n'eût pas manqué de le dire expressément, ainsi qu'il l'a soigneusement fait chaque fois que les anciennes règles abrogées ont dû faire place à de nouveaux principes.

Ajoutons que si l'on interroge la pensée qui a dirigé les rédacteurs du Code civil dans les conditions apposées à la jouissance légale des père et mère, on ne peut douter que la doctrine que nous soutenons est seule conforme au vœu de la loi. L'intention du législateur a été, en effet, tout le monde le reconnaît, que cette jouissance n'attaquât jamais le capital du patrimoine des enfants, lequel doit demeurer intact pour leur être restitué à l'époque déterminée par le Code. Or cette intention serait évidemment méconnue dans le système contraire, puisque, pour le paiement des intérêts dus lors de l'ouverture de l'usufruit légal, il pourrait y avoir nécessité de vendre une partie des biens de l'enfant. Objectera-t-on que la charge imposée aux père et mère de supporter ces intérêts, peut en certains cas excéder le bénéfice de la jouissance qui leur est conférée ? Nous répondrons que la disposition de l'article 385-3° peut se justifier par cette considération que l'usufruit légal étant une libéralité, un avantage attribué gratuitement aux parents, on peut bien le grever de quelques charges profitables à l'enfant qui se trouve privé de la jouissance de ses biens; et d'ailleurs, l'usufruitier légal aura toute facilité de se soustraire à cette charge, en refusant la jouissance de ces biens. Par là se trouvent conciliés tous les intérêts, ceux des père et mère, et ceux des enfants. Remarquons, enfin, que les paragraphes 2 et 4 de l'article 385 constituent évidemment des extensions d'obligations pour l'usufruitier légal, et qu'il est dès lors tout à fait rationnel de voir le même caractère dans le paragraphe 3 placé entre eux.

En présence des diverses considérations qui précèdent, nous croyons donc, ainsi que nous l'avons déjà dit, que le système le plus conforme à l'esprit de la loi est celui qui soumet l'usufruitier légal au paiement de tous les intérêts et arrérages dus par les biens appartenant aux enfants, qu'ils soient échus avant, ou seulement depuis l'époque où le droit de l'usufruitier a pris naissance [1].

SECTION IV.

LES FRAIS FUNÉRAIRES ET CEUX DE DERNIÈRE MALADIE.

M. Delvincourt a soutenu que l'article 385-4° s'appliquait aux frais funéraires et de dernière maladie de l'enfant, s'il vient à mourir pendant la durée de l'usufruit légal [2].

Nous pensons au contraire, avec la grande majorité des auteurs, qu'il s'agit ici des frais funéraires et de dernière maladie de la personne qui a transmis sa succession à l'enfant. Notre opinion s'appuie en premier lieu sur la décision conforme de l'ancien droit

---

1. Demolombe, tome 6, pag. 425. — Marcadé, tome 2, pag. 166.— Valette sur Proudhon, tome 2, pag. 256. — Massé et Vergé sur Zachariæ, tome 1, pag. 372.

2. Delvincourt, tome 1, pag. 93, note 4.

en matière de garde : « Le gardien, dit Pothier, doit acquitter ses mineurs des frais funéraires du prédécédé » [1]. Or, quand les rédacteurs du Code ont reproduit, sans explication aucune, les termes mêmes de la règle du droit coutumier à cet égard, il nous semble plus que probable qu'ils ont voulu implicitement lui donner le même sens. D'ailleurs, s'il s'agit ici, contrairement à l'ancien droit, des frais de dernière maladie de l'enfant, nous serions en présence d'une inexactitude. Ce n'est pas seulement les frais de la dernière maladie de l'enfant que l'usufruitier devrait supporter, mais encore les frais de toutes les maladies dont l'enfant est atteint pendant la jouissance légale : ce sont là, en effet, des charges usufructuaires, des charges de l'éducation comprises, ainsi que nous l'avons déjà dit, dans ce que la loi appelle *l'entretien des enfants* (art. 203, 285); et quant aux frais funéraires occasionnés par la mort de l'enfant, à quel titre seraient-ils une charge pour l'usufruitier, puisque la jouissance légale a cessé quand cette dette prend naissance?

Ajoutons enfin que notre solution est en harmonie avec celle précédemment donnée dans la section III; le législateur n'a pas voulu que le patrimoine de l'enfant fût diminué par des dettes qui sont d'ordinaire payées avec les revenus et qui s'élèveront souvent à un chiffre peu considérable [2].

1. Pothier, Cout. d'Orléans, Introd. au titre des Fiefs, n° 311.
2. Demolombe, tome 6, pag. 429. — Marcadé, tome 2, pag. 166 et suiv. — Duranton, Revue historique, 1848, pag. 151. — Valette sur Proudhon, tome 2, page 259.

Dans les frais funéraires dont parle l'article 385-4° est toujours compris le deuil de la veuve de celui qui a légué les biens sujets à l'usufruit légal; c'était du reste l'opinion de nos anciens auteurs qui mettaient les frais de deuil à la charge du gardien noble [1].

Telles sont les obligations de l'usufruitier légal, et la loi, les mettant à sa charge, il s'ensuit qu'il peut être directement poursuivi par les créanciers. Mais il n'est tenu qu'au nom de l'enfant et comme détenteur des biens grevés de ces charges.

D'où il résulte :

1° Que l'usufruitier légal peut opposer aux créanciers tous les moyens et exceptions que le mineur pourrait lui-même leur opposer;

2° Que l'enfant lui-même ne cesse pas d'être débiteur envers les créanciers; il n'y a pas novation, car aucun texte ne le prononce, et ce même principe était d'ailleurs reconnu en matière de garde, à la différence de ce qui se passait primitivement en cas de bail [2],

3° Que l'usufruitier légal peut, en abandonnant son droit d'usufruit, se soustraire aux poursuites des créanciers, sauf règlement entre ses enfants et lui, s'il arrivait que ce dernier fût poursuivi pour une dette que le père aurait dû acquitter [3].

---

1. Renusson, De la Garde, tome 7, n° 63. — Proudhon, de l'Usufruit, tome 1, pag. 268. — Demolombe, tome 6, pag. 433.

2. Damangeat, Revue de dr. fr. et étranger, 1845, pag. 660. — Demolombe, tome 6, pag. 433. — Proudhon, de l'Usufruit, tome 1, n° 218.

3. Demolombe, tome 6, pag. 433.

CHAPITRE V.

MODES D'EXTINCTION DE L'USUFRUIT LÉGAL.

Parmi les causes d'extinction de l'usufruit légal , les unes sont communes à tout usufruit ; les autres sont spéciales à l'usufruit légal. Nous allons d'abord examiner dans une première section les causes d'extinction communes à l'usufruit légal et à l'usufruit ordinaire ; ensuite dans une seconde section nous étudierons les causes d'extinction spéciales à l'usufruit légal.

SECTION I.

CAUSES D'EXTINCTION COMMUNES A L'USUFRUIT LÉGAL ET A L'USUFRUIT ORDINAIRE.

Les mêmes événements qui mettent fin à l'usufruit ordinaire font aussi cesser l'usufruit légal. Cependant, il en est qui, par leur nature, ne lui sont pas applicables : ainsi le non-usage pendant trente ans (art. 617), puisque la durée la plus longue de l'usufruit légal n'est que de dix-huit ans; il en est de même pour la perte de la chose (art. 617), puisque l'usufruit légal est universel et que les universalités ne périssent pas. Quant à la consolidation (art. 617), elle ne pourrait se présenter que très-rarement, puisque l'art. 450 qui défend au tuteur de se rendre acquéreur des biens du mineur, doit être étendu aux père et mère. Ces diffé-

rentes causes d'extinction étant écartées, nous n'en
trouvons plus que trois qui puissent s'appliquer à
l'usufruit légal.

1° La mort de l'usufruitier.

2° La renonciation à son droit.

3° L'abus de jouissance.

§ 1. — *Mort de l'usufruitier.*

Cette première cause d'extinction ne présente aucune
difficulté. Il est, en effet, de l'essence de tout usufruit,
de s'éteindre par la mort de l'usufruitier : autrement le
droit du nu-propriétaire serait purement illusoire. Si
c'est la mère usufruitière qui meurt, il n'est plus
question de jouissance légale, puisque le père est nécessairement prédécédé ; les biens appartenant alors
en toute propriété à l'enfant. Si, au contraire, c'est le
père qui vient à décéder, son droit ne s'éteint que pour
passer sur la tête de la mère, en vertu de l'art. 384 qui
déclare le droit ouvert après la dissolution du mariage
au profit de la mère survivante.

§ 2. — *Renonciation de l'usufruitier.*

Ainsi que nous avons déjà eu l'occasion de le dire
plus haut, les père et mère peuvent parfaitement renoncer à l'usufruit légal sur les biens de leurs enfants
mineurs, et cela soit au moment de l'ouverture de l'usufruit, soit postérieurement à cette ouverture, c'est-à-
dire même après l'acceptation. Les motifs qui ont fait

établir l'usufruit légal nous montrent que la loi n'a pas
voulu l'imposer aux parents comme une charge à laquelle ils ne pourraient échapper ; c'est pour eux un
avantage, une indemnité des soins et des dépenses de
toute nature qu'occasionnent l'entretien et l'éducation
de leur enfant ; ils peuvent donc y renoncer. Nous avons
vu que cette renonciation serait impossible avant
l'ouverture du droit, par exemple par contrat de mariage ; mais quand le droit est ouvert, quand le père
en est saisi, il doit pouvoir s'en affranchir par une renonciation, puisqu'aucun texte ne lui enlève cette faculté. Il est à remarquer, en effet, que toutes les fois
que la loi a voulu défendre la renonciation à un droit,
elle l'a dit formellement (art. 791, 1130, 1389) ; et encore il ne s'agit dans ces trois textes que d'une renonciation à des droits non encore ouverts. Ajoutons que
l'usufruit légal constitue dans la personne du père et
de la mère un droit privé qu'ils peuvent répudier,
puisqu'il est toujours permis de renoncer aux droits
qui n'intéressent pas essentiellement l'ordre public [1].
Cette renonciation peut avoir lieu de deux manières :
directement, comme nous l'avons expliqué dans le premier chapitre de notre sujet ; indirectement, par l'é-
mancipation accordée à l'enfant avant qu'il ait atteint
l'âge de dix-huit ans.

Une question déjà discutée dans le droit coutumier
était celle de savoir si le survivant des père et mère
pourrait renoncer à la garde de quelques-uns de ses
enfants et conserver celle des autres : elle était résolue

1. Demolombe, tome 6, pag. 472.

à peu près universellement dans le sens de l'affirmative [1]. Il faut évidemment donner aujourd'hui la même
décision, et dire que le père pourrait renoncer à son
droit d'usufruit sur les biens de l'un de ses enfants,
et continuer à jouir des biens des autres. Pothier dans
son traité de la Garde Noble s'exprime ainsi : « Il n'y
a aucun principe qui empêche le gardien de renoncer
à la garde de quelques-uns de ses enfants et conserver
celle des autres. Il y a autant de droits de garde qu'il
y a d'enfants, et la garde de l'un n'est pas celle de
l'autre » [1]. Ce raisonnement est parfaitement exact
en matière d'usufruit légal ; une répudiation partielle
n'est contraire à aucun texte, à aucun principe [2]. Mais
cette renonciation n'a-t-elle d'effet activement et pas-
sivement que pour l'avenir? Soustrait-elle au contraire
l'usufruitier légal aux obligations qui résultent de la
jouissance passée ? Cette question, controversée en ce
qui concerne l'usufruit ordinaire, l'est également en ce
qui concerne l'usufruitier légal. Les charges de l'usufruit légal, dit-on, dans un premier système sont des
charges réelles qui ne sont dues que *propter rem*. Dès
lors l'usufruitier peut s'en délivrer en abandonnant
les revenus qu'il a perçus. Par cet abandon, en effet,
il s'affranchit même pour le passé d'une obligation qui
désormais n'a plus de cause, et on ajoute : ne serait-il
pas contraire à l'esprit de la loi que l'usufruit légal
pût devenir une cause de perte pour les père et mère [4]?

1. Pothier, Garde noble, section 2.
2. Pothier, Traité de la Garde noble, section 2, § 3.
3. Demolombe, tome 6. pag. 474.
4. Aubry et Rau sur Zachariæ, tome 3, pag. 684 (1re section).

Nous repoussons cette doctrine, car la renonciation à l'usufruit légal n'étant point une résolution ne peut pas faire qu'il n'ait pas existé pour le passé. Les charges de l'usufruit légal sont bien, il est vrai, des charges réelles dont on peut se décharger pour l'avenir en abdiquant son droit d'usufruit. Mais ce qui est vrai aussi, c'est que cette jouissance a existé dans le passé, et que la renonciation que fait l'usufruitier ne peut pas effacer les effets qu'elle a produits; en un mot elle éteint le droit pour l'avenir, mais elle n'entraîne pas par sa résolution rétroactive. En conséquence, malgré sa renonciation, l'usufruitier restera tenu de toutes les charges contemporaines de sa jouissance, et cela, non-seulement dans la limite de l'émolument qu'il a retiré de l'usufruit, mais même *ultra vires*. Telle était, du reste, l'opinion généralement suivie par la garde noble qui, comme dit Pothier, « était une espèce de marché à forfait que le gardien était censé faire avec les mineurs, par l'acceptation qu'il faisait de la garde, et par lequel il s'obligeait à tout ce qui lui était imposé par les Coutumes, pour ce que lesdites Coutumes lui attribuaient dans les biens des mineurs, qui était comme le prix du marché ou du forfait[1]. » Nous pouvons fort bien répéter pour l'usufruitier légal ce que disait Pothier au sujet de la garde. Cette décision, nous l'avouons, est très-grave pour l'usufruitier qui pourra se trouver en perte. Mais n'aura-t-il pas à subir les mêmes chances de perte dans tous les cas où l'usufruit légal viendra à s'éteindre

[1]. Pothier, Garde noble et bourgeoise, section 3, art. 2, § 7.

peu de temps après son ouverture et par toute autre cause que par la renonciation de l'usufruitier ? L'usufruitier était libre d'accepter ou de refuser l'usufruit au moment où il lui a été déféré; c'était à lui de bien réfléchir avant de prendre une détermination [1].

D'après l'art. 622, les créanciers de l'usufruit ordinaire peuvent faire annuler la renonciation qu'il aurait faite au préjudice de leur droit. La même faculté appartiendra-t-elle aux créanciers de l'usufruitier légal ? Il faut, selon nous, faire une distinction. Si le père a renoncé directement à l'usufruit légal lui-même, ses créanciers peuvent attaquer cette renonciation faite en fraude de leurs droits, et cela en usant du bénéfice général qui leur est accordé par l'art. 1167 [2]. Si le père n'a renoncé à l'usufruit légal que tacitement et indirectement par suite de l'émancipation de l'enfant, les créanciers ne sont plus maîtres de faire tomber cette renonciation.

L'acte d'émancipation est l'exercice même de la puissance paternelle, droit exclusivement attaché à la personne, et en vertu duquel le père se dépouille volontairement de l'autorité dont la loi l'a investi sur la personne de ses enfants. C'est là un droit qui échappe à toute critique, il ne forme pas le gage des créanciers (2093); il ne peut donc sous aucun prétexte être attaqué par eux. S'il en était autrement, il faudrait, pour

---

1. Demolombe, tome 6, pag. 175. — Dalloz, Rép. Puiss. pat., n° 150.

2. Proudhon, de l'Usufruit, tome 5, n° 2398. — Duranton, tome 3, n° 391. — Demolombe, tome 6, n° 593. — Cass., 11 mai 1819.

être logique, aller jusqu'à leur permettre de faire annuler le mariage contracté par l'enfant mineur de
dix-huit ans.

Le préjudice, du reste, sera bien souvent minime,
puisque l'émancipation ne peut être accordée au plus
tôt qu'à l'âge de quinze ans, c'est-à-dire trois ans
avant l'extinction légale de l'usufruit. Trois années
de jouissance, dont il faudrait encore déduire les
frais de nourriture, d'entretien et d'éducation, ne
produiront jamais une somme bien importante.

Il est bien entendu que si c'est le père qui a renoncé
à son usufruit légal durant le mariage, cette renonciation ne saurait préjudicier à la mère, au profit de
laquelle l'usufruit légal s'ouvrirait en cas de prédécès
du père.

§ 3. — *Abus de jouissance.*

Déjà, dans l'ancien droit, le gardien pouvait être privé
de son droit, « pour ses malversations ou pour avoir
dilapidé les biens[1] ». L'art. 618, qui ne fait que repro-
duire cette disposition, s'exprime ainsi : « L'usufruit
peut aussi cesser par l'abus que l'usufruitier fait de sa
jouissance, soit en commettant des dégradations sur
le fonds, soit en le laissant dépérir faute d'entretien.
Les créanciers de l'usufruitier peuvent intervenir dans

---

1. Nouveau-Denizart, tome 9, Garde noble, § 13, no 17.— Pothier,
de la Garde noble, section 1, § 1.

les contestations pour la conservation de leurs droits;
ils peuvent offrir la réparation des dégradations com-
mises, et des garanties pour l'avenir. Les juges peuvent, suivant la gravité des circonstances, ou prononcer
l'extinction absolue de l'usufruit, ou n'ordonner la
rentrée du propriétaire dans la jouissance de l'objet
qui en est grevé, que sous la charge de payer annuel-
lement à l'usufruitier ou à ses ayants-cause une somme
déterminée, jusqu'à l'instant où l'usufruit aurait dû
cesser. » Il est donc hors de doute, selon nous,
que cet article s'applique à l'usufruit légal. Cette
déchéance pour abus de jouissance, qui peut paraître
très-rigoureuse dans le cas d'un usufruit ordinaire,
surtout lorsque cet usufruit est à titre onéreux, l'est
beaucoup moins en cas d'usufruit légal : en effet, la
loi qui accorde une faveur au père ou à la mère peut
y mettre ses conditions ; on sait d'ailleurs l'importance qu'elle attache à ce que les biens personnels du
mineur soient sauvegardés [1].

Il peut arriver que l'usufruitier légal, sans commettre de dégradations sur les biens, qu'il entretient
d'ailleurs en parfait état, n'accomplisse pas cependant
les conditions qui lui sont imposées par l'art. 385 :
sera-t-il en pareil cas déchu de son usufruit? Si le père,
par exemple, ne pourvoit pas à l'entretien, à la nourriture et à l'éducation des enfants, cette inexécution des
charges que lui impose la loi est-elle une cause de
révocation de son droit? On a soutenu l'affirmative en

1. Demolombe, tome 6, pag. 182.

s'appuyant sur le droit coutumier, qui décidait que le gardien pouvait être privé de son droit de garde « lorsqu'il ne fournirait pas aux mineurs les aliments ou les choses nécessaires pour leur éducation[1] ». Il est assez équitable, en effet, si cette jouissance n'existe que moyennant l'accomplissement de certaines obligations, qu'elle cesse si ces charges ne sont pas remplies ; ce sont deux choses corrélatives qui ne peuvent exister l'une sans l'autre. C'est par application de ce principe que la condition résolutoire est toujours sous-entendue dans les contrats synallagmatiques, pour le cas où l'une des deux parties ne satisfera pas à son engagement (art. 1184).

Je ne pense pas que cette opinion soit fondée. Il s'agit, en effet, de la révocation de l'usufruit légal ; or, il est de règle que les déchéances que prononce la loi sont de droit étroit, c'est-à-dire qu'en dehors d'une disposition formelle elles ne peuvent pas être étendues par analogie d'un cas à un autre. L'argument tiré des règles autrefois suivies en matière de garde ne peut donc suffire pour faire prononcer aujourd'hui une peine qui ne résulte d'aucun texte. Elle ne peut résulter de l'article 618 qui prononce bien, il est vrai, une déchéance contre l'usufruitier qui abuse de sa jouissance, soit en commettant des dégradations sur le fonds, soit en le laissant dépérir faute d'entretien, ce qui n'est pas notre hypothèse. Cette déchéance ne résulte pas non plus de l'article 385 qui impose, il est vrai, à l'usu-

---

1. Nouveau-Denizart, tome 9, v. Garde noble, § 12. — Pothier Garde noble, section 1, § 1.

fruitier légal certaines obligations, mais n'y attache
pas une pareille sanction. Quant à l'argument qui
consiste à dire que le droit d'usufruit et les charges
qu'il impose sont corrélatifs, il est excellent dans les
contrats synallagmatiques où, si l'une des parties ne
remplit pas son obligation, l'obligation de l'autre partie devient sans cause (art. 1108 et 1131); mais il
n'en est pas de même dans notre espèce : les obligations imposées par l'art. 385 ne forment pas la raison
d'être de l'usufruit légal; sa véritable cause est dans
la puissance paternelle dont il est un attribut et dans
la volonté qu'a eue le législateur d'indemniser les parents de leurs soins et d'éviter tout compte compliqué
et minutieux entre les père et mère et leurs enfants.
Or, si nous ne trouvons dans aucun texte la révocation de l'usufruit légal pour inexécution des conditions, nous devons reconnaître que cette sanction
n'existe pas. Est-ce à dire pour cela qu'il n'y a aucun
moyen de contraindre le père ou la mère usufruitier
légal à remplir les charges de l'article 385? Nullement, car on ne peut laisser l'enfant sans protection
contre le mauvais vouloir du père ou de la mère. Aussi
toutes les fois que les intérêts de l'enfant seront en
danger, on pourra recourir aux tribunaux qui pren-
dront les mesures conservatoires nécessaires pour
assurer l'exécution des charges grevant l'usufruit légal.
Les juges appliqueront par exemple, l'art. 602 dont la
disposition est trop raisonnable et trop juste pour qu'il
ne soit pas permis de l'étendre à l'usufruit légal « où
la conservation du fonds, du capital, de la fortune des
enfants est l'objet si essentiel de la préoccupation de

la loi [1] ». Nous trouvons du reste dans le droit coutumier une disposition analogue : « Si les affaires du
gardien sont en mauvais ordre et donnent lieu de
craindre qu'il ne pourvoie pas d'une manière convenable à la nourriture et à l'éducation des mineurs tombés en sa garde, cette crainte, quoique bien fondée,
ne suffirait pas pour faire prononcer la destitution du
gardien. Mais aussi l'intérêt du mineur exige qu'on
prenne des précautions [1]. »

Mais lorsque, bien qu'ayant accompli les charges de
l'art. 385, l'usufruitier est d'une inconduite notoire, s'il
s'abandonne à des habitudes de débauche et de dissi-
pation, l'art. 618 sera-t-il applicable? En d'autres
termes, pourra-t-on déclarer l'usufruitier déchu de sa
jouissance légale ou tout au moins prendre contre lui
des mesures conservatoires? Aucun texte ne justifiant
la déchéance, nous ne devons pas hésiter un seul instant
à dire qu'elle ne peut pas être prononcée contre l'usufruitier légal, et cela lors même que la justice l'aurait
privé de la garde de ses enfants pendant le mariage ou
de leur tutelle après le mariage. Mais quant aux mesures conservatoires, nous distinguerons si l'inconduite
de l'usufruitier légal met ou non les biens de l'enfant
en péril. Toutes les fois que l'usufruitier, à raison de
son inconduite ou de ses désordres, inspirera des
craintes au sujet des biens de l'enfant, les tribunaux
auront le droit (et c'est même pour eux un devoir)
de prendre les mesures qu'ils jugeront convenables

---

1. Demolombe, tome 6, pag. 493.
2. Nouveau-Denizart, tome 9, v. Garde noble, § 11, n° 3.

pour sauvegarder la fortune de l'enfant. C'est ce qu'a jugé plusieurs fois la Cour de cassation qui a même décidé que lorsqu'aucun fait d'inconduite ne serait imputable à l'usufruitier légal, les tribunaux pourraient néanmoins prendre des mesures de garantie pour la conservation des biens, lorsqu'il arrive, par exemple, que les immeubles du mineur se trouvent par suite d'une licitation convertis en capitaux[1]. Dans le cas où les biens de l'enfant ne sont pas en péril, nous n'hésitons pas à soutenir que l'usufruitier légal ne doit pas être privé de l'exercice de son droit d'usufruit, lors même qu'il aurait été privé de la garde et de la tutelle de ses enfants[2].

De tout ce qui précède, il résulte que la faillite ou la déconfiture de l'usufruitier légal ne seront point contre lui des causes de déchéance. Seulement il peut y avoir lieu, suivant les circonstances, de nommer un tiers administrateur, et de lui confier la possession et l'administration des biens que le failli, en suite peut-être, ne pourrait plus conserver convenablement[3].

SECTION II.

CAUSES D'EXTINCTION SPÉCIALES A L'USUFRUIT LÉGAL.

Les modes d'extinction spéciaux à l'usufruit légal sont au nombre de six :

1. Demolombe, tome 6, pag. 492. — Dalloz, Rép. Puiss. pat., n° 1158 et suiv., D. 1843, 1, 249. — S. 1843, 1, 651.
2. Demolombe, tome 6, pag. 495.
3. Demolombe, tome 6, pag. 493.

1° L'accomplissement de la dix-huitième année de l'enfant (art. 384);

2° Son émancipation expresse ou tacite (art. 384);

3° Sa mort;

4° La condamnation du père ou de la mère, dans le cas prévu par les art. 334 et 335 du Code pénal ;

5° Le second mariage de la mère usufruitière (art. 386);

6° Le défaut d'inventaire de la part de l'époux survivant en cas de communauté (art. 1442).

Nous allons les étudier successivement.

§ Iᵉʳ. — *L'enfant a atteint l'âge de dix-huit ans accomplis.*

L'usufruit légal s'éteint par l'accomplissement de la dix-huitième année de l'enfant. Ainsi quoique le droit de jouissance légale soit un attribut de la puissance paternelle, il ne dure pas aussi longtemps qu'elle. On en donne habituellement deux raisons. La première c'est que le père, pour prolonger sa jouissance légale, aurait pu refuser systématiquement d'émanciper son enfant ou de consentir à son mariage. On a voulu déjouer ainsi les calculs d'un père plus préoccupé de ses intérêts que de ceux de ses enfants. Cette raison, il est vrai, ne s'applique pas à la femme, qui peut se marier à quinze ans ; mais le législateur a probablement pensé qu'il ne fallait pas favoriser le mariage de la femme avant l'âge de dix-huit ans, bien qu'il lui soit permis de se marier à l'âge de quinze ans accomplis (art. 144). En second lieu, la loi a voulu que l'enfant trouve une certaine somme disponible, lorsqu'il prendra la gestion de ses biens et la direction de ses affaires. Autrement il eût été le plus souvent obligé d'emprunter ou de prendre sur le capital, ce qui eût été tout à fait contraire à ses intérêts. On peut ajouter que cet âge de dix-huit ans est précisément celui auquel le mineur peut être autorisé à faire le commerce (C. com. art. 2). Mais il faut pour cela qu'il soit émancipé, et l'on n'a pas voulu que le père pût hésiter à émanciper son enfant, par la crainte de perdre son droit de jouissance légale. Dès que les enfants ont atteint l'âge de dix-huit ans accomplis, le père ne perçoit plus les revenus de leurs biens que comme tuteur légal, à la charge d'en faire l'emploi à leur profit ou d'en rapporter la valeur dans le compte de tutelle [1].

§ 2. — *Emancipation expresse ou tacite de l'enfant.*

Le mineur peut être émancipé par son père ou, à défaut du père, par sa mère lorsqu'il a atteint l'âge de quinze ans révolus (art. 477). De même, l'art. 476 déclare que « le mineur est émancipé de plein droit par le mariage : c'est ce que nous appelons l'émancipation tacite. La loi a été logique en faisant cesser l'usufruit légal par l'émancipation : la jouissance légale, en effet, est l'attribut, l'accessoire de la puissance paternelle; elle ne peut donc exister qu'autant que cette puissance elle-même existe. Mais l'émancipation ex-

1. Proudhon, De l'Usufruit, tome 1, pag. 281.

presse n'est pas définitive; elle peut être révoquée si
le mineur use mal de l'indépendance qui lui a été
accordée (art. 485), et dans ce cas le mineur rentre en
tutelle ou en puissance paternelle et y reste jusqu'à
sa majorité accomplie (art. 486). Ici se présente une
question délicate : l'émancipation étant révoquée, l'usufruit légal renaîtra-t-il comme la puissance paternelle? Malgré l'opinion d'un grand nombre d'auteurs,
qui pensent que l'usufruit une fois éteint ne saurait
revivre sans un texte formel, nous nous prononçons
en faveur de l'affirmative.

Cette solution résulte, selon nous, de la nature même
de l'usufruit légal, qui a pour cause la puissance paternelle. On comprend très-bien, en effet, qu'il n'existe
pas quand cette puissance a cessé. Mais, lorsque la
puissance paternelle renaît, pourquoi la jouissance
légale ne renaîtrait-elle pas également? Par le retrait
de l'émancipation, l'enfant est replacé dans la même
situation que si cette émancipation n'avait jamais eu
lieu; dès ce moment, la puissance paternelle existe
dans toute sa force et avec tous ses attributs et acces-
soires, au nombre desquels se trouve l'usufruit légal.
Elle revit avec ses devoirs et ses charges; donc elle doit
aussi revivre avec ses avantages et ses émoluments. La
jouissance légale, dit l'art. 384, existe sur les biens des
enfants jusqu'à l'âge de dix-huit ans accomplis, ou
jusqu'à l'émancipation. Dans l'hypothèse que nous
prévoyons, l'enfant n'a pas dix-huit ans; il n'est pas
émancipé; toutes les conditions d'existence de cette
jouissance étant réunies, elle doit nécessairement exister. On objecte que le père a tacitement renoncé à

l'usufruit légal en émancipant son fils. Nous répondons que ce n'est pas à l'usufruit légal que le père a renoncé, mais à la puissance paternelle qui lui est aujourd'hui rendue. Il est à craindre, ajoute la négative, que le père ne révoque cette émancipation, dans le seul but de ressaisir la jouissance légale qu'il a perdue. Cet argument n'est pas sérieux : on doit avoir confiance dans l'affection paternelle qui guidera le père dans sa manière d'agir ; cette confiance est d'autant plus méritée, que c'est volontairement qu'il s'est dépouillé de son usufruit en émancipant son enfant. Le fils, d'ailleurs, n'est pas complétement à la merci du père, puisque l'émancipation ne peut lui être retirée *que si ses engagements ont été judiciairement réduits* (art. 485). Remarquons, enfin, que l'argument de la négative, qui consiste à dire que le retrait de l'émancipation a pour but unique l'intérêt de l'enfant et que, par suite, on ne peut pas retourner contre lui un bénéfice que la loi a établi à son profit, n'a pas, selon nous, grande valeur, car les termes de l'art. 485 prouvent clairement que cette révocation de l'émancipation a aussi un certain caractère de correction[1]. Un point certain, c'est que les fruits et revenus perçus par l'enfant depuis son émancipation lui sont acquis et lui appartiennent irrévocablement.

1. *En ce sens* : Demolombe, tome 6, n° 555. — Valette sur Proudhon, tome 2, pag. 445. — Aubry et Rau sur Zachariæ, tome 1, pag. 269. — *Contra* : Duranton, tome 3, n° 396. — Demante, tome 2, n° 129. — Touillier, tome 2, n° 1303. — Marcadé, tome 2, sur l'article 485.

§ 3. — *Mort de l'enfant.*

Aucun texte ne consacre expressément ce mode d'extinction, mais il résulte évidemment de la théorie du Code civil en cette matière. L'usufruit légal, en effet, ne peut se concevoir sans que la puissance paternelle à laquelle il est attaché coexiste avec lui. Or, la mort de l'enfant, mettant fin à la puissance paternelle, doit, par voie de conséquence, mettre fin à l'usufruit légal. D'ailleurs, la jouissance légale est accordée en compensation des charges de son éducation; or, l'enfant une fois mort, ses biens deviennent la propriété de ses héritiers, et alors les charges ne subsistent plus. On voit donc qu'après la mort de l'enfant, l'usufruit légal ne peut plus exister faute d'objet. De plus, nous pouvons dire que l'art. 754 supprime incontestablement l'usufruit légal, puisqu'en cas de décès de l'enfant sans postérité, il attribue au survivant des père et mère un nouveau droit d'usufruit complétement indépendant de celui dont nous nous occupons. Nous trouvons, du reste, en matière de garde, une règle semblable : « La garde noble finit de plein droit par la mort naturelle ou civile soit du gardien, soit *du mineur* [1] ». De tout ce qui précède, nous devons donc conclure que les rédacteurs du Code civil se sont écartés sur ce point de la règle romaine sur le pécule adventice, pour se rapprocher encore une fois des principes du droit coutumier. Vainement ob-

---

1. Pothier, Coutume d'Orléans, Introd. au titre des fiefs, n° 343.

jecterait-on l'art. 620, d'après lequel l'usufruit accordé
jusqu'à ce qu'un tiers ait atteint un âge fixé, dure
jusqu'à cette époque, encore que le tiers soit mort
avant l'âge déterminé. Nous répondrions que l'enfant
n'est pas un tiers, puisqu'il est le propriétaire même
des biens grevés d'usufruit, et que, du reste, le cas prévu
par l'art. 620 est celui où l'usufruit légué doit avoir
une durée déterminée ; or, l'âge de dix-huit ans,
indiqué comme un terme de l'usufruit légal, n'est
nullement un terme fixé dans le sens de cet article.
Ajoutons que l'art. 384 n'accorde au père et à la mère
que l'usufruit des biens de leur enfant. Or, ainsi que
nous l'avons déjà dit, après le décès de l'enfant, les
biens ne sont plus les siens, mais deviennent la propriété de ses héritiers. Donc, l'usufruit légal s'éva-
nouit [1].

§ 4. — *Condamnation du père ou de la mère dans le cas*
prévu par les art. 334 et 335 du Code pénal.

L'usufruitier légal qui a excité, favorisé ou facilité
la débauche de son enfant, est privé du droit de jouissance légale, en vertu des art. 334 et 335 du Code pénal.
Voici leurs textes :

« Quiconque aura attenté aux mœurs en excitant,
favorisant ou facilitant habituellement la débauche
ou la corruption de la jeunesse de l'un ou l'autre
sexe au-dessous de l'âge de 21 ans, sera puni d'un

1. Demolombe, tome 6, pag 444. — Cassation, 15 juin 1842. D.
1842, 1, 295.

emprisonnement de six mois à deux ans, et d'une amende de cinquante francs à cinq cents francs. Si la prostitution ou corruption a été excitée, favorisée ou facilitée par leurs *pères, mères,* tuteurs ou autres personnes chargées de leur surveillance, la peine sera de deux à cinq ans d'emprisonnement, et de trois cents à mille francs d'amende (art. 334).

« Les coupables du délit mentionné au précédent article seront interdits de toute tutelle ou curatelle, et de toute participation aux conseils de famille : savoir les individus auxquels s'applique le premier paragraphe de cet article, pendant dix ans au moins, et vingt ans au plus. *Si le délit a été commis par le père ou la mère, le coupable sera de plus privé des droits ou avantages à lui accordés sur la personne et les biens de l'enfant par le Code civil, livre I, titre IX, De la puissance paternelle.* Dans tous les cas, les coupables pourront de plus être mis, par l'arrêt ou le jugement, sous la surveillance de la haute police, en observant, pour la durée de la surveillance, ce qui vient d'être établi pour la durée de l'interdiction mentionnée au précédent article (art. 335).

La déchéance prononcée contre l'usufruitier légal reconnu coupable n'est encourue qu'à l'égard de l'enfant victime du délit, cela résulte du texte même de de l'article 335. Il parle des droits et avantages accordés sur la personne et les biens de *l'enfant,* et a certainement en vue l'enfant victime du délit; la loi, du reste, s'exprime toujours autrement lorsque ses dispositions doivent comprendre tout les enfants[1]

1. Comparer art. 31-1º et art. 42-6º C. P.

Les père et mère conservent donc l'usufruit légal sur les biens de leurs autres enfants [1].

Quelques auteurs [2] ont néanmoins soutenu que le droit de jouissance cessait par rapport à tous les enfants, quand même ils seraient d'un autre lit. C'est, croyons-nous, méconnaître le texte positif de l'art. 385, et oublier qu'en matière pénale la loi ne saurait être étendue au delà de ses termes : *pœnalia non sunt extendenda.* Il faudrait d'ailleurs, si la doctrine que nous repoussons était exacte, aller jusqu'à dire que la déchéance a lieu d'une manière absolue pour tous les enfants, même ceux nés postérieurement au délit; et, à coup sûr, l'article 385 ne s'applique pas à ceux-là. La loi, sans doute, aurait pu très-justement retirer toute sa confiance et frapper d'une destitution complète le père coupable d'un acte aussi odieux; mais elle ne l'a pas fait et il faut la prendre telle qu'elle est, sans en étendre arbitrairement les termes.

§ 5. — *Second mariage de la mère usufruitière.*

Aux termes de l'art. 386 la jouissance légale « n'aura pas lieu au profit de celui des père et mère contre lequel le divorce aurait été prononcé; et elle cessera à l'égard de la mère dans le cas d'un second mariage ». La première partie de cet article reste sans objet depuis que le divorce a été aboli par la loi du 8 mai 1816.

1. Sic Demolombe, tome 6, nos 361 et 558. — Carnot, Comment. sur le Code pénal, tome 2, pag. 121.
2. Marcadé, tome 2, pag. 170. — Duranton, tome 3, n° 384.

Mais peut-on étendre cette disposition à la séparation de corps, et dire que l'époux contre lequel la séparation de corps a été prononcée sera déchu de l'usufruit légal? Nous ne le pensons pas, car la règle qui existe dans la première partie de l'art. 386 est toute de rigueur et de pénalité; on ne peut donc pas l'étendre en dehors du cas prévu par la loi. On peut ajouter, d'ailleurs, qu'il n'existe aucune espèce d'analogie entre le divorce et la séparation de corps dont les conséquences sont bien moins graves, puisqu'elle ne dissout pas le mariage et ne donne pas lieu de craindre la survenance d'autres héritiers légitimes. Si nous envisageons maintenant la deuxième partie de l'article, nous voyons que « la mère qui se remarie est déchue de son usufruit légal ». Mais pourquoi cette sanction à l'égard de la mère seulement, et non pas aussi à l'égard du père? M. Réal en donnait pour motif « l'inconvénient qu'il y aurait à établir en principe que la mère peut porter dans une autre famille les revenus des enfants du premier lit, et enrichir ainsi, à leur préjudice, son nouvel époux[1] ». On a reproduit ce motif, mais il ne nous paraît pas suffisant; car on pourrait dire aussi du père qu'il va, en se remariant, enrichir sa nouvelle femme des revenus de ses enfants du premier lit. Il faut ajouter que la mère, en se remariant, livre à son second époux l'administration de tous ses biens, et c'est là, selon nous, la principale raison qui justifie l'article 386. Nous savons, en effet, que, sous presque tous les régimes, les fruits et reve-

1. Locré, Législation civile, tome 12, pag. 65.

nus appartenant à la femme sont perçus par le mari,
qui en a la libre disposition et peut les dissiper à son
gré sans avoir à redouter aucun contrôle. Cela n'est
pas douteux : 1° pour le régime de communauté
(art. 1401, 1421, 1428, 1528) ; 2° pour le régime sans
communauté (art. 1530) ; 3° pour le régime dotal
(art. 1549). Et enfin, sous le régime de séparation de
biens lui-même, il arrive le plus souvent que le mari
(du moins en fait, sinon en droit) administre les biens
de la femme et en perçoit les revenus à son profit. La
loi a dû craindre que le second mari, ainsi nanti des
fruits, ne les dépense bien plus souvent pour son intérêt personnel et l'avantage de ses propres enfants, que
pour l'éducation et l'entretien d'enfants qui lui sont
étrangers. Le père qui se remarie conserve, au contraire, l'administration des biens des enfants du premier lit et dès lors toute liberté d'employer dans leur
intérêt les revenus de son usufruit légal.

La décision de l'art. 386 s'explique encore par l'influence du souvenir des règles de l'ancienne garde
noble et bourgeoise. Nous lisons, en effet, dans l'article 268 de la Coutume de Paris que « la garde noble
dure aux enfants mâles jusqu'à vingt ans, et aux
femelles jusqu'à quinze ans accomplis ; la garde bourgeoise dure aux enfants mâles jusqu'à quatorze ans,
et aux femelles jusqu'à douze ans finis et accomplis :
le tout pourvu que lesdits père et mère, aïeul ou aïeule,
ne se remarient pas, auquel cas la garde est finie[1] ».

Remarquons, enfin, que le législateur, à tort ou à

---

1. Pothier, Introduction au titre des fiefs, n° 31.

raison, a plus d'aversion pour le second mariage de la mère que pour celui du père, et qu'il frappe la mère remariée de certaines pénalités qui n'atteignent pas le père. C'est ce qui arrive en matière de tutelle légale (art. 395) ; et si elle n'est pas maintenue par le conseil de famille dans la tutelle des enfants de son premier mariage, elle ne peut alors choisir un tuteur dans les formes prescrites par l'art. 392 (art. 399 et 400). Nous ne voyons rien de semblable pour le père.

Si la mère remariée devient veuve avant que les enfants du premier lit aient atteint l'âge de dix-huit ans, son usufruit légal renaîtra-t-il ? Nous admettons sans hésiter la négative.

L'art. 386 est, en effet, absolu : la jouissance cessera .., dit-il, sans ajouter aucune restriction de temps ou de condition. D'ailleurs, c'est la loi seule qui peut lever une déchéance qu'elle a prononcée; l'usufruit légal ne saurait donc revivre sans un texte formel qui ne se rencontre pas dans l'espèce [1]. Mais supposons que le second mariage ait été déclaré nul, la mère sera-t-elle réputée n'avoir jamais perdu son usufruit? En sera-t-elle, au contraire, déchue pour toujours ? M. Duranton fait la distinction suivante : si la veuve est de bonne foi, elle aura perdu son usufruit légal, car, aux termes des art. 201 et 202, son second mariage a produit tous les effets civils; mais si elle est de mauvaise foi, elle aura au contraire conservé sans interruption son usufruit légal, car son mariage alors n'a produit aucun effet civil, et dès lors son usufruit n'a pu s'étein-

---

1. Proudhon, Usufruit, n° 141. — Demolombe, tome 6, pag. 445.

dre[1]. Il nous semble impossible d'admettre une distinction qui traite plus durement la mère innocente que la
mère coupable, et fait même à cette dernière un titre
légal de sa mauvaise foi[2]. L'art. 386 ne distingue pas si
le mariage peut être plus tard déclaré nul ; il suffit donc
qu'il y ait second mariage pour que la jouissance cesse.
Nous ferons toutefois une exception pour le cas où le
mariage n'aurait pas été contracté librement. Il est
bien évident que si la mère faisait annuler son mariage
parce que son consentement aurait été arraché par
la violence, on ne pourrait pas lui objecter qu'elle
savait à quoi elle s'exposait en se remariant et qu'elle
a volontairement abdiqué l'usufruit légal[3].

On peut se demander si la mère qui, sans être remariée, vit dans un état d'inconduite notoire, doit être
déclarée déchue de l'usufruit légal.

L'affirmative s'appuie sur les considérations suivantes : Si la femme, dit-on, qui contracte un second
mariage perd par cela seul l'usufruit légal sur les biens
des enfants issus d'un premier mariage, ne doit-il pas
en être de même *a fortiori* de celle qui s'engage pu-
bliquement dans les liens d'un commerce illicite ?
Aussi était-il admis dans notre ancienne jurisprudence
que « la garde noble finit pour cause de débauche publique à l'égard d'une gardienne[4] ». Cette doctrine
trouvait du reste son appui dans le droit romain, qui

1. Duranton, tome 3, n° 387.
2. Démolombe, tome 6, pag. 447.
3. Marcadé, tome 2, pag. 173. — Démolombe, tome 6, pag. 449. —
Proudhon, de l'Usufruit, tome 1, n° 444.
4. Pothier, Cout. d'Orléans, Introd. au titre des fiefs, n° 346.

appliquait à la veuve en état de concubinage les déchéances dont on frappait celles qui se remariaient : « *Non enim aliquid amplius habebit castitate luxuria*[1] ». D'ailleurs, si on se reporte aux raisons qui ont déterminé le législateur, on voit qu'il prive de l'usufruit légal la mère qui convole en secondes noces, pour l'empêcher de « porter dans une autre famille les revenus des enfants du premier lit, et enrichir ainsi, à leur préjudice, son époux[2] ». Lorsqu'on voit la mère fouler aux pieds les règles de la pudeur et de l'honnêteté, n'y a-t-il pas lieu de craindre pour les enfants, autant et plus peut-être que dans le cas d'un second mariage? Les revenus de leurs biens ne seront pas employés au profit d'un nouvel époux ou des enfants d'un second lit : non ; mais ils seront peut-être gaspillés par un séducteur, peut-être même serviront-ils à élever et entretenir les fruits de criminelles relations. On ajoute que si l'usufruit légal est un des attributs de la puissance paternelle, il correspond aux devoirs qui dérivent de cette même puissance, et qu'on ne voit pas à quel titre la mère qui s'est affranchie de ces devoirs ou qui, du moins s'est placée dans l'impossibilité légale de les remplir, conserverait néanmoins le bénéfice qui y est attaché. Ces raisons sont assurément très-sérieuses : aussi ont-elles déterminé plusieurs auteurs à considérer l'inconduite notoire de la femme comme entraînant la privation de l'usufruit légal[3].

---

1. Novelle 39, cap. 2, § 1 *in fine*.
2. Locré, Exposé des motifs, par M. Réal, tome 12, pag. 65.
3. Delvincourt, tome 1, pag. 93.— Proudhon, de l'Usufruit, tome 1, n° 116.

Nous reconnaissons également toute la gravité des motifs sur lesquels s'appuie l'opinion que nous venons d'exposer. Sans doute, le législateur eût sagement fait de priver de son usufruit légal la mère qui vit dans la débauche; mais il nous paraît impossible de combler cette lacune par voie d'interprétation, et de prononcer une déchéance qui ne se trouve pas écrite formellement dans la loi. Nous sommes ici en matière pénale, nous devons par conséquent appliquer limitativement les dispositions rigoureuses, sans pouvoir les étendre par analogie des cas prévus à d'autres cas non prévus. La loi qui a énuméré les cas dans lesquels l'usufruitier légal était privé de son droit, ne parle nulle part de l'hypothèse qui nous occupe. Elle attache, il est vrai, cette déchéance de l'usufruit légal à certains faits d'immoralité de la part du père ou de la mère (art. 335 C. P.); mais c'est un motif de plus pour ne pas l'appliquer à d'autres cas que ceux expressément déterminés. Le Code dans l'art. 386 parle de la mère qui se remarie, mais ne dit rien de celle qui a une inconduite notoire. Est-ce par oubli? Est-ce, au contraire, volontairement? Cette dernière supposition est, selon nous, la plus probable, surtout si l'on considère qu'il existait dans notre ancien droit une règle qui a dû éveiller nécessairement sur ce point l'attention du législateur. Le système que nous adoptons est suivi par la majorité des auteurs [1] et est

1. Marcadé, tome 2, pag. 173. — Massé et Vergé sur Zachariæ, tome 1, § 189. — Demolombe, tome 6, pag. 451. — Dalloz, Rép. Puiss. pat., no 111.

aussi celui de la jurisprudence actuelle. La cour
de Limoges avait admis plusieurs fois l'affirmative en
s'appuyant sur l'art. 444 du Code civil et surtout en
invoquant des considérations morales[1]. Cette solution
fut bientôt battue en brèche comme contraire aux
principes du Code. La cour de Paris jugea d'abord que
le père, destitué de la tutelle de ses enfants pour inconduite notoire, ne perdait pas pour cela la jouissance
légale de leurs biens jusqu'à ce qu'ils aient atteint
l'âge de dix-huit ans[2]. Trois ans plus tard, la cour
d'Aix, malgré les conclusions du ministère public, ap-
pliqua à la mère cette même doctrine qui fut depuis
consacrée par la cour de cassation[3].

Nous pensons, toutefois, que si l'inconduite de la
mère n'entraîne pas la déchéance de son usufruit légal, elle peut donner lieu de prendre telles mesures
conservatoires que les tribunaux jugeront nécessaires ;
et il a été, en effet, décidé en ce sens, que la mère
dont l'inconduite est notoire, peut être privée, non de
l'usufruit légal, mais de l'*exercice* de ce droit[4].

§ 6. — *Défaut d'inventaire dans le cas de l'art. 1442.*

L'art. 1442 est ainsi conçu : « Le défaut d'inventaire
après la mort naturelle ou civile de l'un des époux
ne donne pas lieu à la continuation de la commu-

1. Limoges, 16 juillet 1807 et 2 avril 1810. S. 1813, 2, 290,
23 juillet 1824. S. 1826, 2, 169.
2 et 3. Paris, 28 décembre 1810, S.C.N. 3 2 380. — Aix, 30 juillet 1813, S. 1814, 2, 70. — Cassation, 19 avril 1813, S. 1813, 1, 385.
4. Massé et Vergé sur Zachariæ, tome 1, pag. 374 et suiv.—Dalloz,
Rép. v. Puiss. pat., nº 141.

nauté , sauf les poursuites des parties intéressées,
relativement à la consistance des biens et des
effets communs, dont la preuve pourra être faite
tant par titres que par la commune renommée.
S'il y a des enfants mineurs, le défaut d'inventaire
fait perdre en outre à l'époux survivant la jouissance
de leurs revenus ; et le subrogé tuteur qui ne l'a
point obligé à faire inventaire, est solidairement tenu
avec lui de toutes les condamnations qui peuvent être
prononcées au profit des mineurs. »

Ce mode d'extinction, ou plutôt cette déchéance de
l'usufruit légal, est fort grave, et il importe d'en bien
déterminer le sens et la portée. Disons d'abord que
l'époux survivant doit, aussitôt après la mort de son
conjoint faire dresser un inventaire devant notaire.
Telle était l'ancienne jurisprudence [1] et dans notre
législation l'art. 1455 le décide positivement pour le
cas où c'est la femme qui le fait dresser, puisqu'elle
doit l'affirmer sincère et véritable devant l'officier public qui l'a reçu. Or, il y a la même raison pour
l'exiger du père que de la mère. On peut tirer également une semblable induction de l'art. 451 du Code
civil [2]. Cet inventaire doit de plus être exact et fidèle ;
s'il s'y trouve des omissions et des irrégularités com-
mises sciemment et de mauvaise foi, *malicieuses*, comme
le disait Pothier [3], l'époux, à notre avis, encourra la

1. Pothier, Traité de la communauté, n° 791.
2. Toullier, tome 13, n° 11. — Troplong, du contrat de mariage,
n° 1300. — Dalloz, Rép., v. contrat de mariage, 1600.
3. Pothier, Cout. d'Orléans, Introd. du titre X.

déchéance de son usufruit, car un inventaire infidèle équivaut, pour le moins, au défaut d'inventaire[1].

Mais l'art. 1442 contient une lacune regrettable, il ne détermine aucun délai pour la confection de cet inventaire. Il faut évidemment suppléer ici au silence de la loi, sous peine de rendre illusoire et inapplicable la disposition de l'article. On est donc à peu près d'accord pour reconnaître qu'un délai doit être fixé ; et, par analogie des art. 795 et 1456 du Code civil et 174 du Code de procédure civile, on applique à notre hypothèse le délai ordinairement accordé, pour dresser l'inventaire d'une succession, c'est-à-dire le délai de trois mois, sauf la faculté d'en demander en justice la prorogation (art. 798 et 1459 C. civil).

Mais si le survivant des deux époux a laissé expirer le délai de trois mois sans faire l'inventaire exigé, quel sera le résultat de cette omission ? la déchéance de l'usufruit sera-t-elle encourue irrévocablement ? Il y a sur cette question dissidence profonde entre les auteurs, et plusieurs systèmes se sont produits.

Une première opinion enseigne que si, même après l'expiration du délai de trois mois, il est possible de faire encore l'inventaire parce qu'il n'y a eu ni confusion ni détournement, et si cet inventaire est, en effet, dressé fidèlement et de bonne foi, l'époux survivant aura droit à l'usufruit légal, mais pour l'avenir seulement. Si au contraire les choses de la communauté ne sont plus reconnaissables, une déchéance irrévocable frappera l'époux négligent, car pour faire

1. Demolombe, tome 6, pag. 151.

alors l'inventaire, on serait obligé d'avoir recours à
une enquête par commune renommée, et c'est ce que
la loi a voulu justement éviter en exigeant un inventaire[1].

Une seconde opinion regarde le délai de trois mois
comme un terme fatal, à l'expiration duquel le survivant des époux est définitivement déchu de son droit
d'usufruit. Cette opinion est d'ailleurs conforme à la
doctrine de l'ancien droit, en matière de garde noble,
et le président Lamoignon s'exprimait ainsi dans ses
arrêts célèbres : « Est tenu le gardien de faire faire
inventaire des meubles, titres et papiers appartenant
au mineur.... dans les trois mois du jour de l'acceptation et ce temps passé, demeure déchu du profit de
la garde noble, malgré ses grades autorisés[2] ».

A ces deux systèmes nous préférons une troisième
opinion dont nous allons présenter les principaux
arguments.

Le délai de trois mois, dit-on, n'est pas nécessairement un terme fatal, et même, après leur expiration,
les magistrats pourront ne pas déclarer déchu de son
usufruit légal le survivant des époux, si le retard de
l'inventaire résulte de circonstances indépendantes de
sa volonté, et si d'ailleurs il ne mérite lui-même aucun reproche. En effet, l'art. 1442 ne fixe point de
délai passé lequel la déchéance doit être inévitable-
ment encourue. Et si l'on peut par voie d'analogie

1. Proudhon, de l'Usufruit, tome 1, no 170 et suiv. Voir aussi, en
ce sens, un arrêt de la Cour de Bourges du 11 février 1859, D. 1860,
2, 52.

2. Duranton, tome 3, no 389. — Marcadé, tome 8, pag. 580.

conclure de certains textes (art. 795 et 1456), que cet inventaire doit être dressé dans le délai de trois mois, il ne nous semble pas permis d'en faire résulter une déchéance qui n'est pas écrite dans la loi. Cette déchéance est une peine, et en matière pénale il faut se garder d'étendre une disposition législative à des hypothèses non prévues par elle. Et toutes les fois que le droit de jouissance légale sera ainsi maintenu, nous déciderons contrairement à M. Proudhon, qu'il comprendra tous les fruits, tant ceux perçus depuis la confection de l'inventaire, que ceux perçus antérieurement. M. Demolombe ajoute avec raison que quatre articles de notre Code civil (art. 451, 600, 795, 1456) sont relatifs à l'obligation de faire inventaire, et qu'aucun d'eux ne nous autorise à prononcer après les trois mois contre l'époux survivant, une pénalité aussi rigoureuse. Faisons remarquer, enfin, qu'il peut arriver que l'époux survivant n'ait pas fait inventaire parce qu'il ignorait la perte qui venait de le frapper. Il était par exemple à ce moment atteint lui-même d'une maladie grave, et sa famille a cru devoir lui cacher pendant quelque temps la mort de son conjoint[1]. Ou bien encore, c'est le notaire chargé de l'inventaire qui tombe lui-même malade et n'achève pas son opération dans le délai fatal de trois mois[2]. Ne serait-il pas dans ces différents cas, d'une rigueur extrême, qui même irait jusqu'à l'injustice, de prononcer contre le survivant des époux la déchéance de

1. Caen, 18 août 1838, D. 39, 2, 49.
2. Caen, 18 août 1812, D. 45, 2 127.

son usufruit légal, et cela sans tenir aucun compte des circonstances[1]

Ce système est le seul, à notre avis, qui puisse être adopté en présence du silence regrettable de l'article 1442. C'est du reste l'opinion suivie par la jurisprudence.

Demandons-nous maintenant dans quels cas l'article 1442, qui prévoit l'hypothèse où les époux étaient mariés sous le régime de la communauté légale, s'applique également à la communauté conventionnelle; l'article 1528 décide formellement que la communauté conventionnelle reste soumise aux règles de la communauté légale pour tous les cas auxquels il n'y a pas été dérogé implicitement ou explicitement par le contrat. Quant à la question de savoir si l'on peut étendre la disposition de l'article 1442 aux autres régimes, il semble au premier abord qu'il n'y ait pas de controverse possible. En effet, la disposition de l'article 1442, au lieu d'être placée au titre de la puissance paternelle, comme le convol de la mère et les autres causes d'extinction de l'usufruit légal, se trouve au titre du contrat de mariage et dans la partie relative au régime de la communauté. Cela prouve clairement que le législateur a voulu en faire une règle spéciale à un cas particulier, et c'est donc seulement sous le régime de la communauté légale ou conventionnelle que le défaut d'inventaire entraînerait la déchéance du droit de jouissance légale. Cette solution nous paraît évidente; mais comme des esprits

1. Demolombe, tome 6, pag. 488.

distingués ont soutenu le contraire et ont vu dans l'article 1442 une disposition générale applicable à tous les régimes du mariage, il nous faut étudier la question avec plus de détails.

M. Pont, après avoir enseigné l'affirmative dans son traité du contrat de mariage, publié de concert avec M. Rodière, l'a encore soutenu depuis avec plus de développements, dans une dissertation spéciale [1]. D'après l'honorable jurisconsulte, la déchéance pour défaut d'inventaire a lieu sous toute espèce de régime matrimonial. Il y a, dit-il, dans l'art. 1442, deux dispositions distinctes, indépendantes l'une de l'autre : la première abroge l'ancien droit, en déclarant que le défaut d'inventaire ne donne pas lieu à la continuation de la communauté, et celle-là ne s'applique certainement qu'au régime de communauté; la seconde déclare déchu de l'usufruit légal l'époux survivant qui a négligé de faire inventaire. Cette seconde disposition de l'article s'applique évidemment à tous les régimes; car elle traite de l'usufruit légal qui existe sous tous les régimes de mariage. Qu'il y ait communauté ou non, cela importe peu en matière d'usufruit légal, et on ne comprendrait pas que le législateur eût édicté une règle concernant cet usufruit, toute spéciale au régime de la communauté. L'inventaire a, d'ailleurs, les mêmes raisons d'être sous les autres régimes. Prenons, par exemple, le régime dotal, et supposons le prédécès

---

1. Rodière et Pont, Contrat de mariage, tome 1, n° 761, et Revue de législation 1847, tome 3, pag. 37. Cette opinion a été soutenue également par Toullier, tome 3, n° 10, et Delvincourt, tome 1, pag. 93.

de la femme ; il se peut qu'elle ne laisse que des
reprises dotales fixées par son contrat de mariage ;
mais ne se peut-il pas aussi qu'elle laisse en outre
des biens paraphernaux qu'elle a apportés dans la
maison de son mari? Dans cette dernière hypothèse,
ces biens paraphernaux, que les enfants recueillent
dans la succession, se confondront nécessairement
avec les biens mobiliers du père survivant, et si un
inventaire n'en opère pas la séparation, les enfants
n'auront aucun moyen d'être protégés contre les abus
volontaires ou non de leur père usufruitier légal. Supposons à l'inverse, ajoute M. Pont, le prédécès du mari :
tous les meubles, tous les effets de ce dernier sont
confondus sous la main de la femme avec ses biens
paraphernaux, si elle en a; et le danger n'est pas
moins évident pour les enfants, s'il n'est pas fait un
inventaire qui sépare leur propriété et garantisse leurs
droits. Il ne faut pas oublier, dit-on enfin, qu'en
matière de contrat de mariage, la communauté constitue le droit commun, et que toute disposition qui,
placée au chapitre de la communauté, est susceptible
de se combiner avec les autres régimes d'association
conjugale, peut, à l'occasion, être appliquée à ces
autres régimes.

Malgré l'autorité des jurisconsultes qui ont soutenu
ce système, nous ne le croyons pas fondé. En effet, le
principal argument de l'opinion adverse consiste à dire
que les deux alinéas de l'art. 1442 constituent deux
dispositions distinctes et indépendantes l'une de l'autre,
réglant deux situations différentes, et se référant, la
première spécialement au régime de communauté, la

seconde, au contraire, à tous les régimes de mariage
sans distinction. Mais une pareille proposition est d'a-
bord formellement repoussée par le texte de l'art. 1442,
dont le second alinéa se trouve évidemment relié au
premier par les mots *en outre* ; et, de plus, elle est
directement contraire aux explications catégoriques
données par M. Berlier, dans son exposé des motifs[1] :
« Des diverses causes de dissolution de la communauté, la plus fréquente, sans doute, celle qui s'opère
par la mort naturelle, recevait dans plusieurs Coutumes une exception que notre article a rejetée. C'est
elle qui, à défaut d'inventaire, faisait continuer la communauté entre le survivant et ses enfants. Le but de
ce remède était louable, mais était-il bien choisi[1] ? »
Après avoir montré les inconvénients de ce remède,
l'orateur continue : « Tant d'embarras ne doivent pas
renaître, quand on a d'ailleurs un moyen simple et
facile d'atteindre le but qu'on se propose. De quoi
s'agit-il, en effet ? De veiller à la conservation des
droits qui appartiennent aux enfants du mariage. Mais
de deux choses l'une : ou ils sont majeurs, ou ils ne le
sont pas. S'ils sont majeurs et qu'ils ne provoquent pas
l'inventaire, ils partagent la faute de l'époux survivant:
il ne leur est dû aucune indemnité. S'ils sont mineurs,
leur subrogé tuteur, qui aura négligé de faire procéder à l'inventaire, en deviendra personnellement responsable envers eux, et l'époux survivant perdra de
plus les droits que la loi lui accordait sur les revenus

1. Exposé des motifs, par le conseiller d'État Berlier (séance du
10 pluviôse an XII). — Fenet, tome 13, pag. 671.

de ses enfants ; voilà la peine. Cet ordre de choses a paru bien préférable à ce qui était autrefois pratiqué, seulement dans quelques Coutumes. »

Ainsi donc, d'après ces paroles, il est certain que l'art. 1442 ne s'applique qu'au cas où les époux sont mariés sous le régime de la communauté. Son extension aux autres régimes ne me paraît pas permise : d'abord il s'agit d'une peine, et nous savons que les peines ne peuvent pas être étendues au delà des limites expressément marquées par le législateur. D'ailleurs, il n'y a pas les mêmes motifs d'appliquer la déchéance sous les autres régimes de mariage. En matière de communauté, il y a toujours confusion des biens des deux époux ; l'inventaire est donc nécessaire à la mort de l'un d'eux, pour distinguer les différents patrimoines, et reconnaître quels sont les biens personnels des enfants. Sous les autres régimes cette confusion n'a pas lieu ; les fortunes restent parfaitement distinctes, et dans tous les cas, si la confusion a lieu, ce n'est qu'accidentellement et par exception. Il n'est donc pas étonnant que le législateur ait édicté cette peine pour le cas où la nécessité en est plus impérieuse. Ainsi cette déchéance ne doit pas être étendue au régime dotal, de séparation de biens et d'exclusion de communauté [1].

Remarquons, pour terminer, que la déchéance de

---

1. Demolombe, tome 6, pag. 469. — Marcadé, tome 5, pag. 580. — Proudhon, de l'Usufruit, tome 1, n° 461. — Duranton, tome 3, n° 390. — Bressoles, Revue de législation 1748, tome 1, pag. 301. — Dalloz, Rép. v. Contrat de mariage, n° 1621. — Toulouse, 19 décembre 1839, S. 1840, 2, 161.

l'art. 1442 est absolue et complète, elle ne se borne
pas seulement aux biens qui proviennent de la communauté, mais elle porte encore sur tous les biens de
l'enfant. Les termes de l'art. 1442 ne permettent, en
effet, aucune distinction ; il enlève à l'époux survivant
la jouissance des revenus de son enfant, de tous ses revenus sans aucune limitation ; c'est le droit même
d'usufruit légal qui est perdu [1].

Nous terminons ici notre étude sur l'usufruit légal,
étude dans laquelle, à défaut d'aperçus nouveaux et
de controverses inédites, nous nous sommes efforcé
de faire passer en revue, sur un point déterminé, les
différentes législations qui se sont succédé jusqu'à
nos jours.

---

1. Proudhon, de l'Usufruit, tome 1. nᵒ 169' — Marcadé, tome 5,
pag. 579. — Demolombe, tome 6, pag. 471.

POSITIONS.

DROIT ROMAIN.

I. Papinien ne se contredit point dans la loi 14 § 1 au Digeste *de Castrensi peculio*, la fin de ce dernier texte n'étant pas de lui et ayant été ajoutée après coup.

II. La loi 8 et les lois 13 et 16 au Digeste *de Castrensi peculio* peuvent se concilier.

III. Les mots *jure communi* dont se sert Justinien au Livre deuxième (tit. 1, § 12) de ses Instituts signifient que, dans le cas où le fils est mort *intestat*, le père de famille recueille les biens du pécule castrense *jure peculii* et non pas *jure successionis*.

IV. Lorsque le père a pendant la vie de son fils affranchi par testament un esclave du pécule castrense, l'affranchissement est valable si le fils prédécède *ab intestat*.

V. Le père usufruitier du pécule adventice n'est pas tenu de faire inventaire.

VI. Le père usufruitier du pécule adventice doit faire à ses frais les grosses réparations.

VII. Le fils de famille possesseur d'un pécule adventice extraordinaire pouvait en disposer par donation à cause de mort.

VIII. Le sénatus-consulte Macédonien ne s'applique pas au fils de famille qui a un pécule extraordinaire.

DROIT FRANÇAIS.
CODE CIVIL.

—

I. On ne peut par contrat mariage renoncer à l'usufruit légal.

II. La mère n'a pas l'usufruit légal lorsqu'elle exerce la puissance paternelle du vivant de son mari.

III. Les père et mère naturels n'ont pas la jouissance légale des biens de leurs enfants.

IV. L'étranger ne pourra jouir en France des droits accordés aux père et mère par l'art 384, que si la loi de son pays lui reconnaît ce droit.

V. La clause de la donation ou du legs qui exclut l'usufruit légal des père et mère sur les biens donnés ou légués n'est pas valable, quant aux biens que l'enfant donataire ou légataire devait recueillir à titre d'héritier réservataire.

VI. L'article 385-3 s'applique aux arrérages ou intérêts déjà échus lors de l'ouverture de l'usufruit légal.

VII. L'art. 387-4 doit s'appliquer aux frais funéraires et de dernière maladie de la personne qui a laissé des biens à l'enfant.

VIII. L'usufruitier légal ne peut, en renonçant à son droit et en restituant les fruits qu'il a perçus depuis son entrée en jouissance, se décharger pour le passé des obligations que lui impose l'art. 385.

IX. La déchéance de l'usufruit légal n'est pas encourue par la veuve qui, sans s'être remariée, vit dans une inconduite notoire.

X. Le défaut d'inventaire de la part du survivant n'entraîne la déchéance de l'usufruit que si les époux sont mariés sous le régime de la communauté soit légale, soit conventionnelle.

PROCÉDURE CIVILE.

—

I. L'action en rescision du partage d'une succession doit être portée devant le tribunal de l'ouverture de cette succession.

II. L'exercice de l'action en réintégrande n'exige pas la preuve d'une possession annale.

III. Le tribunal civil doit se déclarer incompétent sur les affaires commerciales qui lui seraient déférées, même du commun accord des parties.

DROIT COMMERCIAL.

—

I. L'associé auquel a été confiée la liquidation d'une société est tenu pendant trente ans pour les obligations contractées comme liquidateur, et pendant cinq ans seulement pour les obligations contractées comme associé.

II. Le vendeur qui a perdu son privilége par suite du jugement déclaratif de faillite peut encore exercer l'action résolutoire contre les créanciers de l'acheteur failli.

III. La majorité exigée par l'article 507 du Code de commerce, pour qu'il puisse intervenir un concordat valable entre le failli et ses créanciers, doit se compter sur tous les créanciers vérifiés et affirmés.

DROIT ADMINISTRATIF.

I. Les cours d'eau ni navigables ni flottables sont *res nullius.*

II. Le pouvoir judiciaire n'est qu'une branche du pouvoir exécutif.

III. Les art. 815 et suivants du Code civil ne régissent pas le partage des biens indivis entre communes ou sections de commune.

IV. Le jugement d'expropriation pour cause d'utilité publique ne crée pas le domanialité.

DROIT CRIMINEL

I. La déchéance prononcée contre l'usufruitier légal

par l'application de l'art. 335 du Code pénal n'est encourue qu'à l'égard de l'enfant victime du délit.

II. Nul ne peut après avoir été acquitté être poursuivi à raison du même fait, même qualifié d'une autre façon.

III. La déclaration de faillite est le préliminaire indispensable de la poursuite en banqueroute.

IV. L'interdiction légale n'est pas encourue par le condamné contumax.

Vu par le Président,
C. DE LA MÉNARDIÈRE. (A. ✪)

Vu par le Doyen, par intérim,
M. PERVINQUIÈRE (✳ I. ✪)

Permis d'imprimer :
Le Recteur de l'Académie,
CH. AUBERTIN. (O. ✳)

« Les visa exigés par les règlements sont une garantie des principes et des opinions relatives à la religion, à l'ordre public et aux bonnes mœurs » Statuts du 9 avril 1825, art. 41), « mais non des opinions purement juridiques, dont la responsabilité est laissée aux candidats. »

« Le candidat répondra en outre aux questions qui lui seront faites sur les autres matières de l'enseignement. »

TABLE DES MATIÈRES

DROIT ROMAIN.

DES PÉCULES DU FILS DE FAMILLE.

DROIT FRANÇAIS.

PREMIÈRE PARTIE.

ORIGINES DE L'USUFRUIT LÉGAL.

DEUXIÈME PARTIE.

DE L'USUFRUIT LÉGAL.

POITIERS. — TYPOGRAPHIE DE HENRI OUDIN.

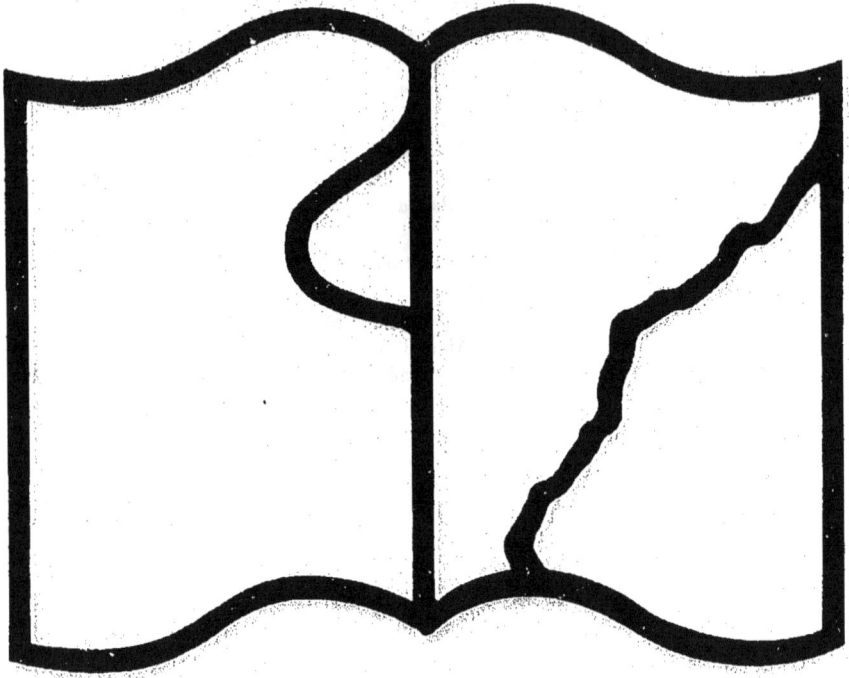

Texte détérioré — reliure défectueuse

NF Z 43-120-11

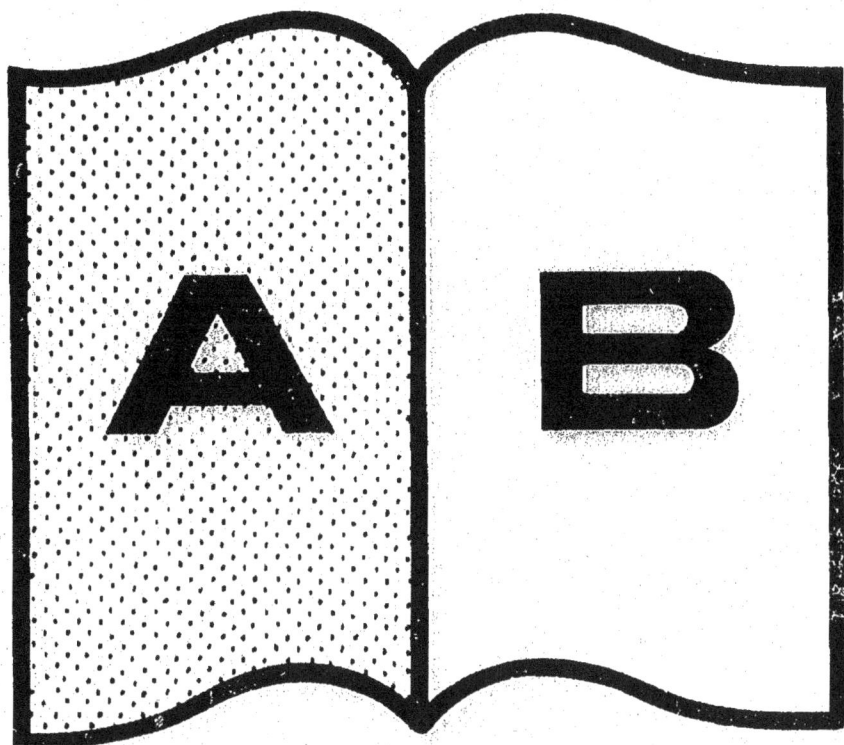

Contraste insuffisant

NF Z 43-120-14